DE LA
LÉGALISATION
DES SIGNATURES
PAR LES MAIRES

PAR

H. MORGAND

DOCTEUR EN DROIT, RÉDACTEUR AU MINISTÈRE DE L'INTÉRIEUR

(*Extrait de la* REVUE GÉNÉRALE D'ADMINISTRATION)

PARIS

BERGER-LEVRAULT ET Cⁱᵉ, LIBRAIRES-ÉDITEURS

5, RUE DES BEAUX-ARTS, 5

MÊME MAISON A NANCY

1880

DE LA
LÉGALISATION
DES SIGNATURES
PAR LES MAIRES

PAR

H. MORGAND

DOCTEUR EN DROIT, RÉDACTEUR AU MINISTÈRE DE L'INTÉRIEUR

(Extrait de la REVUE GÉNÉRALE D'ADMINISTRATION)

PARIS

BERGER-LEVRAULT ET Cie, LIBRAIRES-ÉDITEURS

5, RUE DES BEAUX-ARTS, 5

MÊME MAISON A NANCY

1880

DE LA LÉGALISATION DES SIGNATURES

PAR LES MAIRES

———

La campagne de pétitionnement qu'ont motivée l'année dernière les projets de loi sur l'enseignement public a fait naître une délicate et intéressante question juridique que le Tribunal des conflits a dû résoudre, celle de savoir si l'autorité judiciaire est compétente pour connaître des actions en dommages-intérêts intentées contre un maire qui refuse de légaliser une signature ou qui subordonne son consentement à des conditions jugées inacceptables par le signataire. Nous avons pensé qu'il ne serait pas sans intérêt d'étudier de près ce point de droit et d'examiner en même temps les difficultés diverses auxquelles peut donner lieu pour les maires l'exercice du droit de légalisation.

I.

Avant tout, il convient, croyons-nous, de bien déterminer quelle est en cette matière l'étendue du pouvoir accordé par la loi aux magistrats municipaux. Recherchons donc quels sont les actes dont les auteurs peuvent demander au maire de certifier leurs signatures.

La seule disposition législative qui confère d'une manière générale aux officiers municipaux le droit de légaliser les signatures des habitants de leurs communes, est l'article 11 de la loi du 6 mars 1791, sanctionnée le 27 du même mois et relative à l'organisation judiciaire. Cet article porte : « La légalisation des actes ne sera point faite, les certificats de vie ne seront point donnés par les juges de paix ; la légalisation sera faite, les certificats seront donnés gratuitement par les présidents des tribunaux de districts ou ceux des juges qui en feront les fonctions. Dans les chefs-lieux où sont établis, soit les tribunaux, soit les administrations de district, les maires feront les légalisations et donneront les certificats de vie concurremment avec les présidents des tribunaux, mais seulement sur les actes des officiers publics ou pour les citoyens qui seront domiciliés dans la commune. »

Ce texte ne vise expressément, on le remarquera, que les maires des communes où siége un tribunal ou une administration de district, et pourtant il est indubitable que tous les maires possèdent à cet égard la même attribution. Il semble donc que le droit d'attester la vérité des signatures de leurs administrés leur appartient plutôt en vertu d'une tradition, d'un usage généralement admis, que par l'effet de la volonté formelle du législateur. L'article 11 de la loi du 6 mars 1791, reconnaissant implicitement le droit du maire, aurait eu pour but unique de régler la compétence respective des présidents des tribunaux et des maires pour les communes où ces autorités seraient en présence.

Rien d'ailleurs de plus rationnel que cette prérogative de l'autorité municipale. La légalisation a pour objet d'attester la réalité d'une signature aux yeux d'une personne qui ne la connaît point. Qui serait mieux qualifié que le maire pour affirmer la vérité du seing apposé par un des habitants de la ville ou du village dont il dirige l'administration et avec lequel, par le fait même, il doit avoir des relations plus ou moins directes ?

Quoi qu'il en soit, la loi a, dans des matières diverses, consacré le droit de légalisation reconnu aux magistrats municipaux. C'est ainsi qu'ils doivent recevoir et viser les affirmations et attestations de créances sur des condamnés (L. 1er floréal an III). Ils légalisent la signature de l'imprimeur des journaux où sont insérées les annonces pour les ventes judiciaires d'immeubles (C. de procédure civ., art. 698 et 699), celle de la partie qui présente des observations au Tribunal des conflits sans l'intermédiaire d'un avocat (L. 12-23 décembre 1821, art. 5).

Des règlements d'administration publique, des décrets ou ordonnances défèrent également le même droit aux maires. Ils certifient les déclarations de pertes d'inscriptions sur le grand-livre, les attestations des rentiers qui ne peuvent se transporter chez les notaires certificateurs (Décrets 3 messidor an XII, 23 septembre 1806 et Ordonn. du 30 juin 1814). Ils légalisent les procurations destinées aux négociations d'inscriptions de rentes opérées par l'entremise des trésoriers-payeurs généraux (Ordonnance du 5 mars 1823 étendue par le décret du 6 février 1862). Le certificat médical délivré à la femme qui veut prendre un enfant en nourrice et qui déclare qu'elle remplit les conditions désirables pour élever un nourrisson, qu'elle n'a ni infirmité, ni maladie contagieuse, qu'elle est vaccinée, doit être légalisé par le maire (Décret du 27 février 1877, art. 29).

Nous ne citons ces textes qu'à titre d'exemples. Il serait trop long et superflu de mentionner tous les cas où, en vertu d'une disposition législative ou réglementaire, le maire est appelé à certifier la signature de ses concitoyens. Il est de jurisprudence constante que, dans toutes les circonstances où un intérêt administratif ou d'ordre public est en jeu, le maire doit accorder la légalisation. Ceux qui exercent ou ont exercé les fonctions municipales savent combien fréquemment leur intervention à cet égard est requise, non-seulement par des décrets, mais par des arrêtés ministériels ou préfectoraux.

Aucune loi n'exige que les auteurs d'une protestation contre l'élection soit d'un membre des conseils locaux, soit d'un sénateur ou d'un député, fassent légaliser leurs signatures. Mais il a été décidé, en matière d'élections politiques, que si la légalisation n'est pas nécessaire pour que le bureau chargé de la vérification prenne la protestation en considération, un maire n'a pas le droit de refuser de légaliser les protestations dont les signataires lui sont connus [1]. (Chambre des députés. — Rapport de M. Goerg sur l'élection de M. de Bouteiller, séance du 6 juillet 1869.)

Enfin, aux termes des règlements du Sénat (art. 97) et de la Chambre des députés (art. 61), les signatures des pétitionnaires doivent être légalisées. Cette disposition avait été introduite, dès 1873, dans le règlement de l'Assemblée nationale (Résolution des 20 février, 23 juin et 3 juillet 1872. — *Journal officiel* du 13 juillet), et sous le régime précédent, le Sénat, pour prévenir l'abus de signatures imaginaires [2], avait décidé qu'il ne donnerait aucune suite aux pétitions non légalisées. Les règlements actuels disposent d'ailleurs que si la légalisation est refusée, le pétitionnaire doit faire mention de ce refus à la suite de sa pétition.

---

1. V. Poudra et Pierre, *Traité pratique de droit parlementaire*, n° 659.

2. Sur l'inconvénient que présente l'absence de légalisation, surtout en matière de pétitions individuelles, voir les observations faites par M. Baze à l'Assemblée nationale, séance du 27 juillet 1871. — *Journal officiel* du 28 juillet, p. 2282.

II.

Mais si le maire peut et doit légaliser les documents qui présentent, de plus ou moins loin, un caractère d'intérêt général, faut-il en dire autant des actes relatifs à des intérêts exclusivement privés ?

Cette question est fort controversée. La jurisprudence administrative a longtemps hésité et les dernières décisions, qui remontent à une date déjà ancienne, sont loin d'être absolument claires.

C'est en 1807 que paraît avoir été soulevée pour la première fois la question de savoir si les maires ont ou non le droit de légaliser les actes sous seings privés ; elle fut à cette époque résolue négativement par l'administration. Le grand-juge ministre de la justice, auquel avait été adressée par la chambre des notaires de Paris, une réclamation contre les maires qui accordaient cette légalisation, n'hésitait pas à faire connaître au préfet de la Seine (Lettre du 26 décembre 1807) que la légalisation du maire, ne conférant aux actes sous seings privés qu'une authenticité *imaginaire*, il lui paraissait indispensable de *l'interdire*, surtout pour les actes non enregistrés. Par suite de cette décision, le préfet (Circulaire du 18 janvier 1808) invita les maires de Paris à s'abstenir strictement à l'avenir, de légaliser des actes sous signatures privées, et il étendit expressément cette prohibition même aux actes enregistrés.

Ces premières instructions paraissent avoir été complétées par une circulaire en date du 18 février 1808, dont nous n'avons pu retrouver le texte, mais qui est citée par divers auteurs [1].

En 1816, de nouvelles plaintes de la chambre des notaires et quelques doutes exprimés par les maires sur la mesure dans laquelle devait être appliqué le principe de non-légalisation, donnèrent lieu à une nouvelle circulaire du préfet de la Seine (13 novembre 1816), qui traite la question avec tous les développements dont elle est susceptible. Après avoir établi le droit qu'ont les maires de légaliser les actes d'administration, d'ordre ou d'intérêt général, délivrés par les officiers publics, le préfet recommande à ces magistrats de refuser leur légalisation à tous les actes sous seings privés étrangers à l'administration publique et qui n'auraient rapport qu'à des intérêts particuliers, actes pour la

---

1. V. *École des communes*, 1860, p. 36. — Rigaud et Maulde, v° *Légalisation*.

réception desquels, lorsque les parties veulent les rendre authentiques, les notaires sont les seuls officiers institués par la loi.

La jurisprudence administrative ne varie pas jusque-là. Il semble même résulter d'un passage du *Répertoire* de Dalloz (v° *Légalisation*), que ces principes auraient été consacrés de nouveau, à une époque postérieure, par une décision du ministre des finances (30 octobre 1822).

C'est en 1819, pour la première fois, que le Conseil d'État fut appelé à s'occuper incidemment de la question ; il la trancha dans le sens opposé. Le sous-préfet d'Étampes et le préfet de Seine-et-Oise ayant refusé de légaliser la signature d'un maire, certifiant celle d'un habitant de sa commune sur un acte d'intérêt privé, les comités de l'intérieur et de législation réunis émirent l'avis que les maires restent dans les limites des pouvoirs qui leur sont confiés par les lois lorsqu'ils se bornent à certifier les signatures des habitants de leurs communes ; qu'ils ne seraient blâmables que s'ils s'entremettaient, en vertu de leur caractère officiel, dans la conclusion ou dans les stipulations de l'acte au bas duquel les signatures sont apposées ; que la formalité de la légalisation ne suppose de la part du magistrat qui la remplit aucune approbation de ce qui peut être contenu dans le corps de l'acte, qu'il n'est même pas censé en avoir pris connaissance, et qu'il lui suffit de s'assurer que la signature qu'il est appelé à certifier est véritable et non supposée (26 novembre 1819 [1]).

---

1. Le texte de cet avis a été rapporté par Favard de Langlade dans son Répertoire sous le mot *Légalisation*. Nous croyons néanmoins intéressant de le reproduire ici :

« Les membres du Conseil du Roi, composant les deux comités de législation et de l'intérieur réunis par autorisation de M. le garde des sceaux, pour prendre connaissance des réclamations adressées à Son Excellence le ministre secrétaire d'État au département de l'intérieur par le sieur Riboutté, banquier à Paris, qui expose « que des procurations lui ont été données par beaucoup d'habitants de « Seine-et-Oise pour suivre auprès du Trésor la liquidation du prix de chevaux « par eux fournis, et qu'il ne peut faire usage de ces procurations, parce que le « sous-préfet d'Étampes refuse de légaliser les signatures des maires de son ar- « rondissement » ;

« Vu les lettres adressées à Son Excellence le ministre de l'intérieur par le sous-préfet d'Étampes et par le préfet de Seine-et-Oise pour justifier le refus de légali-sation dont se plaint le sieur Riboutté ;

« Considérant que la loi du 6 mars 1791, sanctionnée le 27 du même mois, sur l'organisation judiciaire, porte (art. 11) :

« La légalisation des actes sera faite, les certificats de vie seront donnés par « les présidents des tribunaux de districts ou par les juges qui en feront les fonc- « tions et concurremment par les maires, mais seulement par ces derniers pour les « actes des officiers publics, ou pour les citoyens domiciliés dans l'étendue de leur « commune » ;

« Que dans la plupart des communes, personne ne peut aussi bien que le maire

En 1831, le Conseil d'État, consulté de nouveau se prononça dans
le même sens [1]. On peut cependant constater entre les deux avis cer-

certifier la signature des habitants ; que s'il leur était interdit de le faire, la faculté
laissée aux citoyens par le Code civil de passer des actes *sous signatures privées
aussi bien que sous forme authentique* deviendrait en quelque sorte illusoire ;
« Que dans l'espèce, il est certain que les actes que le sous-préfet d'Étampes et
le préfet de Seine-et-Oise refusent de légaliser dans l'intérêt de leurs administrés
n'ont rien que de licite et ne seraient pas susceptibles de critique, s'ils étaient
passés en *forme authentique* ; que le seul résultat de l'opposition de l'administration, dans cette circonstance, serait de contraindre les citoyens à ajouter les frais
d'un acte devant notaire aux sacrifices qu'entraîne déjà pour eux le rapport
depuis plusieurs années dans la liquidation de leur créance et la perte inévitable
sur les valeurs données en paiement de l'arriéré ;
« Considérant, en outre, que les signatures des maires n'étant pas connues et
n'ayant aucun caractère légal hors de leur arrondissement, ne peuvent être produites et faire foi qu'autant qu'elles sont certifiées par le sous-préfet et le préfet,
leurs supérieurs hiérarchiques dans l'ordre des fonctions ;
« Que ce fonctionnaire supérieur ne peut, pour motiver le refus d'une légalisation
demandée, invoquer le droit de surveillance et de censure qui lui est atttribué ;
qu'en effet la surveillance déférée au fonctionnaire supérieur doit se borner à
examiner si le fonctionnaire subordonné a rempli les devoirs qui lui sont imposés
par les lois, ou s'il n'a pas excédé ses pouvoirs ; mais que ce droit de surveillance et de censure ne saurait trouver son application dans le cas où il n'y a pas
eu de la part du subordonné intention, délibération ou action administrative,
mais où il s'est borné à énoncer seulement la déclaration d'un fait ; que le maire
qui serait blâmable s'il s'entremettait, en son caractère officiel, dans la conclusion
d'un marché, dans la stipulation d'un contrat relatif à des intérêts privés, ne
saurait l'être quand il se borne *à affirmer que l'acte dont il s'agit a été passé par
un tel habitant de sa commune;*
« Considérant enfin que la formalité de la légalisation ne suppose de la part du
magistrat qui la remplit aucune approbation de ce qui peut être contenu dans le
corps de l'acte au bas duquel elle est apposée ; qu'il n'est même pas censé en
avoir pris connaissance, et qu'il lui suffit de s'assurer que la signature qu'il est
appelé à certifier est véritable et non supposée ;
« Sont d'avis :
« Que les sous-préfets et les préfets ne doivent pas se refuser à légaliser les
signatures de maires, lorsque ceux-ci se sont bornés à certifier les signatures des
habitants de leur commune ;
« Qu'alors même que les actes sous signatures privées contiendraient quelque
clause répréhensible, la légalisation par les fonctionnaires des divers degrés de
l'ordre administratif n'emporte nullement l'approbation de l'acte lui-même ;
« Que dans le cas où, par suite de cet acte, il y aurait lieu à poursuivre, ce serait
aux tribunaux et non à l'administration à en connaître ;
« Qu'enfin l'administration a fait tout ce qu'elle doit dans l'intérêt des administrés
si, au moment où l'acte est présenté à la légalisation, elle les prévient des piéges
qu'on pourrait leur tendre, et, dans l'intérêt de la société, si, obligée, malgré
ses observations de légaliser un acte qu'elle croit répréhensible, elle le défère
au procureur du Roi qui poursuivra s'il y a lieu.

« Pour extrait conforme :
« *Le Secrétaire général du Conseil d'État,*
« Signé : Hochet. »

1. Voici le texte de cet avis :
« Les comités de l'intérieur et du commerce,
« Vu le rapport fait au ministre et les pièces qui y sont jointes ;

taines divergences. Celui du 22 avril 1831 (comité de l'intérieur et du commerce) porte en effet que les maires ne peuvent refuser de léga-

« Vu la loi du 27 mars 1791 et l'article 1985 du Code civil ;

« Vu l'avis donné par les comités de législation et de l'intérieur réunis, le 25 novembre 1819, dont les motifs sont :

« 1° Que la loi du 27 mars 1791 porte : « Art. 11 : La légalisation des actes sera « faite, les certificats de vie seront donnés par les présidents des tribunaux do « districts ou par les juges de paix qui en feront les fonctions et concurremment par « les maires, mais seulement par ces derniers pour les actes des officiers publics et « pour les citoyens domiciliés dans l'étendue de leur commune » ;

« 2° Que dans la plupart des communes, personne ne peut aussi bien que le maire certifier la signature des habitants ; que s'il leur était interdit de le faire, la faculté laissée aux citoyens par le Code civil de passer des actes sous signatures privées, aussi bien que sous forme authenthique, deviendrait en quelque sorte illusoire ;

« 3° Que les signatures des maires n'étant pas connues et n'ayant aucun caractère légal hors de leur arrondissement, ne pouvaient être produites et faire foi qu'autant qu'elles sont certifiées par le sous-préfet et le préfet, leurs supérieurs dans l'ordre hiérarchique des fonctions.

« Vu l'avis du comité de l'intérieur, en date du 16 juin 1824 (a), et la circulaire du ministre de l'intérieur du 11 octobre de la même année sur les précautions à prendre par les maires dans les légalisations qu'ils sont appelés à donner ;

« Considérant que si la loi de 1791 est la seule qui attribue d'une manière certaine la légalisation de certains actes aux maires, le Code civil semble leur avoir implicitement reconnu le même droit en disant que le mandat peut être donné par écrit sous seing privé et même par lettre, car un mandat sous seing privé, dont les signatures ne seraient pas légalisées, n'aurait aucune certitude et que nul officier public ne peut mieux que le maire certifier un pareil acte ;

« Considérant que l'obligation des maires de légaliser les écritures privées est confirmée par l'ordonnance royale du 12 décembre 1821, relative aux conflits, laquelle porte : « Art. 5 : Que les observations seront fournies par simple mémoire « signé de la partie ou d'un avocat au conseil et que lorsque la partie signera « seule, sa signature sera légalisée par le maire de son domicile » ;

« Considérant que plusieurs dispositions du Code de procédure civile prescrivent aussi la légalisation de certains actes par le maire ;

« Considérant que si la loi n'a imposé aux maires que dans certains cas et dans l'intérêt des familles l'obligation de légaliser les signatures des habitants de leurs communes, on ne peut méconnaître que l'usage de ces légalisations ne se soit fort étendu ; qu'il n'a rien de contraire à la législation et qu'il n'en résulte de très-grands avantages pour les administrés ;

« Considérant toutefois que cette obligation ne saurait s'appliquer qu'aux cas prévus par la loi et constituer un droit en faveur des requérants que dans ces seuls cas ;

« Considérant, relativement à la légalisation des signatures des maires par leurs supérieurs dans l'ordre hiérarchique de l'administration, que, d'après les mêmes principes, elle est obligatoire seulement dans les cas prévus explicitement ou implicitement par les lois ;

« Sont d'avis :

« Que toutes les fois qu'il s'agit d'un acte sous seing privé, de la délivrance d'un certificat de vie ou de mort, de toute pièce ayant un caractère légal d'utilité, les maires ne peuvent refuser de légaliser les signatures des habitants de leurs communes, en prenant toutefois les précautions nécessaires pour n'être point

(a) Nous n'avons pu retrouver le texte de cet avis.

liser les signatures des habitants de leurs communes toutes les fois qu'il s'agit d'un acte ayant un caractère légal d'utilité, mais qu'ils peuvent refuser la légalisation des signatures apposées sur des écrits qui n'ont aucun but d'utilité judiciaire ou administrative, et à plus forte raison lorsqu'ils seraient de nature à porter préjudice à des tiers.

La doctrine émise par le Conseil d'État resta longtemps à l'état de théorie. Elle paraît, il est vrai, avoir été adoptée en 1828 par le ministère de la justice. On trouve de plus une délibération du conseil d'administration de ce département en date du 20 juillet 1831, portant que les maires peuvent et doivent légaliser les signatures des individus domiciliés dans leurs communes, sur quelques actes que soient apposées ces signatures. Mais à Paris, où la question se présente surtout et a le plus d'intérêt, beaucoup de maires se refusèrent encore, malgré ces précédents, à légaliser les actes d'intérêt privé, ainsi que l'attestent plusieurs réclamations formées à ce sujet par des particuliers.

C'est le ministère du commerce et des travaux publics qui intervint, en 1832, pour faire appliquer les nouveaux principes[1]. M. le comte d'Argout, alors ministre, d'accord, dit-il, avec son collègue le garde des sceaux, décida que la doctrine établie en 1807 par le Grand-Juge était contraire aux principes de la législation, et que toutes les fois qu'il s'agit d'un acte sous seings privés ayant un caractère légal d'utilité, les maires ne pouvaient refuser de légaliser les signatures, en prenant toutefois les précautions nécessaires pour s'assurer de leur authenticité.

Par suite de cette décision notifiée au préfet de la Seine dans une lettre du 18 février 1832, des instructions nouvelles furent données

---

trompés sur leur authenticité ; mais que les maires peuvent refuser les légalisations qui leur seraient demandées pour certifier des signatures qui n'ont aucun but d'utilité judiciaire ou administrative et à plus forte raison lorsqu'ils seraient de nature à porter préjudice à des tiers ;

« Que les mêmes principes doivent s'appliquer aux légalisations de signatures de maires par les sous-préfets et les préfets, lesquelles légalisations ne doivent être obligées que lorsque les maires ont signé en leur qualité et dans le cercle de leurs attributions et peuvent être refusées dans les autres cas, ainsi qu'il est spécifié ci-dessus.

« Signé : Vᵗᵉ Siméon, *rapporteur* ;
« Bᵒⁿ Cuvier, *président.*

« Pour extrait conforme :
« *Le Secrétaire du comité,*
« Signé : Paris. »

1. L'intervention de ce département dans la question s'explique par ce fait que la division d'administration départementale et communale en dépendait à cette époque.

aux maires et depuis, l'usage des légalisations des actes sous seings privés a pris progressivement à Paris une assez grande extension [1].

Par la suite, les commissaires de police ont été appelés à exercer cette attribution, concurremment avec les maires, et le préfet de police a dû, en 1847, rédiger pour ces fonctionnaires des instructions spéciales destinées à prévenir les abus qui se produisaient.

Cet exposé ne serait pas complet si nous passions sous silence un troisième avis du Conseil d'État du 11 avril 1833, portant que, dans le cas où les lois, règlements ou instructions administratives ne leur prescrivent pas de légaliser les signatures, les maires peuvent, selon les circonstances, donner ou refuser cette légalisation [2].

Nous appelons l'attention particulière du lecteur sur cette décision qui nous semble contenir la véritable doctrine.

Le ministère de l'intérieur ne paraît s'être, à aucune époque, prononcé formellement dans un sens ou dans l'autre sur la question. Ce ne serait, en tous cas, que par des décisions d'espèce. Les recueils de circulaires ne contiennent aucune instruction qui ait déterminé sur ce point, d'une manière générale, les droits et les devoirs des maires.

Nous savons qu'en fait, dans bien des villes, on suit l'usage consacré à Paris avec le consentement au moins tacite de l'administration supérieure.

---

1. Le nombre des pièces dont les signatures sont ainsi certifiées dans les mairies du département de la Seine s'élève annuellement à environ 3,000.

2. Voici le texte de cet avis :

« Le Conseil d'État,

« Vu l'article 11 de la loi du 27 mars 1791, la loi du 25 ventôse an XI et l'article 683 du Code de procédure civile et l'article 5 de l'ordonnance du 12 décembre 1821 ;

« Considérant que l'article 11 de la loi du 27 mars 1791 avait donné qualité aux maires pour légaliser les signatures des habitants de leurs communes ; que cette attribution ne leur a été enlevée par l'article 28 de la loi du 25 ventôse an XI qu'en ce qui concerne la légalisation des actes notariés ; que diverses dispositions législatives ou réglementaires ont prescrit cette légalisation dans certains cas déterminés, qui peuvent être étendus par l'administration en ce qui la concerne, comme et ainsi qu'elle le juge convenable ; qu'indépendamment de ces cas, il en est beaucoup d'autres où cette légalisation peut produire des résultats avantageux en épargnant aux parties les frais ou les retards qu'entraînerait un acte authentique, mais que leur nombre et leur variété ne permettent pas de tracer aux maires une règle générale à suivre pour distinguer les actes qu'ils doivent de ceux qu'ils ne doivent pas légaliser, et que c'est à eux seuls qu'il appartient de faire cette distinction d'après les circonstances ;

« Est d'avis que dans le cas où les lois et règlements ou instructions administratives ne leur prescrivent pas de légaliser les signatures, les maires peuvent, selon les circonstances, donner ou refuser leur légalisation. »

III.

Trois systèmes, on le voit, ont été successivement adoptés :

1er *système*. — Les maires ne doivent point légaliser les actes sous seings privés.

2e *système*. — Les maires sont tenus de légaliser ces actes.

3e *système*. — La légalisation de ces actes est facultative de la part des maires.

Examinons les motifs invoqués à l'appui de chacun de ces systèmes.

Le premier est surtout vivement soutenu par les notaires. Ces officiers ministériels croient leurs intérêts compromis par l'intervention des maires. A eux seuls appartient le droit de rendre authentiques les actes concernant des intérêts privés. Or, la légalisation des maires supplée parfois, au moins dans l'esprit des parties, au caractère d'authenticité que le notaire seul peut conférer, et leur permet de se dispenser de son ministère. C'est une perte d'honoraires que la corporation a maintes fois cherché à éviter. L'administration de l'enregistrement voit aussi, croyons-nous, d'un œil peu sympathique l'usage de la légalisation des actes sous signatures privées. Les contractants se soustraieraient, paraît-il, au paiement des droits d'enregistrement, droits qu'ils seraient obligés de payer si l'acte était reçu par un notaire.

Les raisons de droit invoquées en faveur de ce système et que l'on trouvera développées dans le *Journal des communes* (t. II, p. 176 et suiv.[1]) peuvent se résumer ainsi :

La légalisation est l'attestation de la vérité des signatures apposées à un acte et de la qualité des officiers publics qui l'ont reçu ou expédié. La légalisation ne crée pas, elle atteste, constate simplement l'authenticité préexistante de la signature. Par conséquent, l'acte souscrit par un officier public peut seul être légalisé, un acte sous seings privés ne peut recevoir cette formalité, car on entend par acte sous seings privés l'acte passé entre particuliers dont la signature n'a aucun caractère d'authenticité.

L'article 11 de la loi du 10 mars 1791, qui a placé les légalisations dans les attributions des maires, n'a introduit aucune disposition nouvelle quant aux légalisations des actes sous seings privés.

---

[1] Voir aussi *Répertoire d'administration municipale* de Rigaud et Maulde, v° *Légalisation*.

Cet article a deux objets : la légalisation et la délivrance des certificats de vie. Si le législateur avait entendu autoriser la légalisation des actes sous signatures privées, il aurait expressément dénommé ces actes. Or, au contraire, il restreint la légalisation aux actes des officiers publics. Les mots *ou pour les citoyens qui seront domiciliés dans l'étendue de la commune* se rapportent exclusivement aux certificats de vie. Autrement le législateur eût dit : mais seulement sur les actes des officiers publics ou sur ceux des citoyens qui seront domiciliés dans l'étendue de la commune.

Si l'interprétation contraire était admise, on serait nécessairement conduit à une conséquence inacceptable, à savoir que les présidents des tribunaux pourraient, eux aussi, au même titre que les maires, légaliser les actes sous seings privés qui leur seraient présentés par de simples particuliers.

La loi du 27 mars 1791 n'oblige donc pas les maires à légaliser les actes sous seings privés. Mais en admettant même une interprétation contraire, la disposition invoquée en faveur du droit de légalisation aurait été abrogée par la loi du 6 octobre 1791 sur l'organisation du notariat qui, dans son article 1er, section 2, a chargé les notaires de donner aux actes le caractère d'authenticité, puis par la loi du 25 ventôse an IX dont l'article 28 confirme cette prérogative des notaires dans les termes suivants : « Les notaires sont des fonctionnaires publics établis pour recevoir tous les actes des contrats auxquels les parties doivent ou veulent faire donner le caractère d'authenticité attaché aux actes de l'autorité publique et pour en assurer la date, en conserver le dépôt, en délivrer des grosses ou expéditions. »

D'ailleurs, ajoute-t-on, que signifierait la légalisation du maire, quelle force donnerait-elle à l'acte ? Aucune. Les tribunaux ne seront pas tenus de le reconnaître si la partie adverse le dénie ; il n'en faudra pas moins recourir à une vérification d'écritures [1] dont le résultat

---

1. Il semblerait au premier abord que l'on peut invoquer en ce sens un arrêt de la Cour de cassation du 17 mai 1858, *Haurigot contre Ancel* (Dalloz, 1858, I, 212), qui contient un considérant ainsi conçu : « Attendu que, suivant le droit commun, la légalisation n'est exigée que relativement aux actes des fonctionnaires ou officiers publics dont elle a pour objet de certifier les signatures ; que lorsque l'acte est sous seing privé, cette formalité serait inutile, puisque celui à qui on l'oppose peut le dénier ou ne pas le reconnaître ; que de tels actes ne faisant pas pleine foi et n'ayant pas le caractère exécutoire par eux-mêmes, ne sont susceptibles d'exécution forcée qu'après que les conventions ou autres faits qu'ils énoncent ont été vérifiés ou confirmés par jugement. » — Mais il suffit de se reporter à

pourra compromettre la dignité, peut-être même la responsabilité du fonctionnaire qui aura légalisé.

Dans des lois postérieures, les maires ont été chargés de légaliser pour certains actes administratifs, la signature des particuliers. Ces dispositions n'auraient pas de raison d'être si les magistrats municipaux avaient le droit de légalisation, quelle que soit la nature de l'acte.

Objecte-t-on, avec l'avis du Conseil d'État du 25 novembre 1819 que le Code civil, en permettant aux citoyens de faire toute espèce d'actes sous signatures privées, a décidé implicitement que ces signatures devaient être légalisées par les maires? — Les partisans du système répondent en citant les articles 1317, 1319, 1322 et 1323 du Code civil.

Le Code, disent-ils, définit l'acte authentique : celui qui a été reçu par un officier public ayant le droit d'instrumenter dans le lieu où l'acte a été rédigé et avec les formalités requises ; il fait pleine foi de la convention qu'il renferme et ne peut être critiqué ni discuté devant un tribunal, hormis le cas d'inscription de faux. L'acte sous seing privé, au contraire, peut être produit en justice, mais avant d'être admis, il doit être reconnu par la partie à laquelle on l'oppose et si elle s'y refuse, on procède à la vérification d'écriture.

Le refus de légalisation de l'acte sous seing privé n'est point contraire à l'article 1322 du Code civil. En effet, de deux choses l'une : ou l'acte sera reconnu par la partie à laquelle il sera opposé et alors les tribunaux en prescriront l'exécution, qu'il soit ou non légalisé ; ou il ne sera pas reconnu ; dans ce cas, les juges devront surseoir sans que la légalisation puisse influer sur leur décision. En quoi donc le refus de légalisation porterait-il atteinte à la faculté donnée par le Code aux contractants de rédiger leurs conventions dans un acte sous seing privé [1]?

---

l'arrêt pour voir que la Cour de cassation n'a en aucune façon résolu ni même examiné la question qui nous occupe. Elle s'est bornée à déclarer que, dans l'espèce, on ne pouvait arguer un acte de nullité par le motif que les signatures n'étaient point légalisées.

1. En ce sens, on cite aussi le passage suivant de la circulaire du préfet de la Seine en date du 18 février 1808 : « Le Code civil permet, il est vrai, de faire des actes sous seings privés et de les produire devant les tribunaux. Mais avant d'être admis, ces actes doivent être reconnus par la partie à laquelle on les oppose et si elle les dénie, on procède à la vérification d'écriture. Or, la loi ne se serait pas énoncée ainsi, si elle avait entendu qu'un maire pût certifier une signature privée. Car la signature du maire est une signature officielle, publique, légale, dont l'authenticité ne peut être méconnue ou critiquée que par l'inscription de faux. »

La légalisation donnerait-elle au moins date certaine à l'acte? Nullement. La disposition de l'article 1328 du Code civil ne permet à cet
égard aucun doute. Il ne peut être suppléé à l'enregistrement que par
la mort de l'un de ceux qui ont souscrit l'acte ou par la relation de la
substance du contrat dans un acte dressé par un officier public. Mais
les parties pourront être sous ce rapport induites en erreur non-seulement à leur préjudice, mais aussi au détriment du Trésor public.

Enfin, les maires ne connaissent pas personnellement tous leurs administrés. Ils peuvent être trompés, favoriser inconsciemment des
fraudes et compromettre ainsi en même temps que leur propre responsabilité morale et pécuniaire, la dignité de l'administration dont ils
sont les représentants.

Le second système se base sur les deux arguments qui ont déterminé les avis du Conseil d'État de 1819 et de 1831.

1° La loi de 1791 a conféré aux maires le droit de faire, dans les
limites de leur ressort, toutes les légalisations. Elle n'a pas fait de
distinction entre les actes administratifs et ceux d'intérêt privé.

2° L'usage des légalisations des actes sous seings privés est avantageux; il épargne utilement, dans certains cas, aux parties les frais et
les retards qu'entraîne la rédaction d'actes authentiques. Interdire cet
usage, ce serait rendre illusoire, dans bien des cas, la faculté laissée
aux citoyens de faire des actes sous seings privés, l'un des contractants pouvant très-bien ignorer l'individualité de l'autre et exigeant
pour traiter que cette individualité soit attestée par une personne au-
torisée.

En permettant ces actes, le Code civil en a admis implicitement la
légalisation.

Le troisième système [1], auquel nous nous rallions et qui peut invoquer en sa faveur la dernière décision du Conseil d'État (avis du
11 avril 1833), admet que les maires peuvent légaliser les actes sous
seings privés, mais sans leur en faire une obligation. Voici les motifs
sur lesquels il s'appuie :

La loi de 1791 a été constamment considérée par l'administration
comme conférant d'une manière générale aux maires le pouvoir d'at-

---

1. Voir dans le sens de ce système, bien qu'elle ne se prononce pas très-net-
tement, une consultation du comité consultatif de l'*École des communes*, 1860,
page 95.

tester la sincérité des signatures apposées par les habitants de leurs communes.

Le législateur n'a point fait de distinction. Rien n'autorise à en introduire une.

Admettons, si on le veut, que l'interprétation généralement adoptée donne aux termes de la loi de 1791 une trop grande extension, et pour notre part, nous sommes fort disposés à penser que cette loi ne fait qu'indiquer un cas où la légalisation du maire peut être requise ; il n'en reste pas moins que les magistrats municipaux ont le droit de légaliser. Ce droit, nous l'avons dit, ils le tiennent, suivant nous, moins d'un texte que d'un usage constant, au même titre qu'ils exercent, celui de délivrer des certificats de capacité aux entrepreneurs de travaux publics (Arrêt du Conseil d'État de 1835 : Culhat-Chassis) ou de certificats de bonne vie et mœurs (Décret en Conseil d'État, 8 août 1867 ; *Autorisation de poursuites*, Dunaigre c. Pommepuy [1]. Tribunal des conflits, décision du 10 avril 1880 [2]).

Dans tous les cas, leur droit n'est pas contestable. Chaque jour des décrets, des arrêtés ministériels, des arrêtés préfectoraux les invitent à l'exercer. Or, nous le demandons, quelle est la disposition législative qui le restreigne [3] ?

Vainement, dirait-on pour contester l'existence du droit de légalisation envisagé à ce point de vue général, que des lois spéciales sont intervenues qui ont exigé l'attestation des signatures par les maires dans certains cas déterminés, et que, sauf dans les cas prévus, le maire ne doit pas légaliser. On se heurte contre une tradition constante et l'on est forcé d'admettre que, même en dehors des circonstances

---

1. Dalloz, 1869, 3, 14.

2. Voir *Revue générale d'administration*, 1880, t. II, p. 177.

3. Merlin dans son *Répertoire de jurisprudence*, v° *Légalisation*, dit : « *Comme il n'y a aucune loi qui a établi la formalité des légalisations*, on ne sait pas précisément quand cet usage s'est introduit. » On lit plus loin dans le même article le passage suivant d'où il résulte que, déjà sous l'ancienne monarchie, les magistrats municipaux légalisaient certaines signatures : « On peut aussi les faire légaliser par les officiers municipaux des villes où les officiers royaux font leur résidence, auquel cas ces officiers municipaux apposent le sceau de la ville, et non le sceau royal. Ces sortes de légalisation sont les plus authentiques, surtout pour faire valoir un acte en pays étranger, parce que les sceaux des villes ne changent point et sont plus connus que le sceau particulier de chaque juridiction et que, d'ailleurs, le sceau de la ville est en quelque sorte plus général et plus étendu que celui de la juridiction, puisque la juridiction est dans les villes et même qu'il y a souvent plusieurs juridictions royales dans une même ville. »

prévues par les textes cités, les maires sont tenus de légaliser chaque fois qu'un intérêt administratif ou d'ordre public est en jeu. Si l'administration peut, en dehors d'une disposition spéciale, exiger l'intervention du maire, c'est que celui-ci a le droit général d'attester la sincérité des signatures de ses administrés.

Parlerons-nous de l'argument tiré de la définition du mot légalisation? Mais cette définition, ce sont les défenseurs du premier système qui la font, et on peut leur opposer celle de Merlin (*Répertoire de jurisprudence*, v° *Légalisation*) : « La légalisation est l'attestation que donne un officier public de la vérité des signatures apposées à un acte, ainsi que des qualités de ceux qui l'ont fait et reçu, afin qu'on y ajoute foi dans un autre pays. » Cette définition nous paraît rigoureusement exacte, sauf les derniers mots « *dans un autre pays* » ; on doit les retrancher, car la légalisation peut être destinée à garantir la sincérité de la signature dans le pays même, notamment dans le cas des procurations données aux défenseurs officieux devant les tribunaux de commerce.

Les partisans du premier système disent : Le législateur (Loi du 6 octobre 1791 et Loi du 25 ventôse an XI) a réservé aux notaires le droit exclusif de recevoir tous les actes et contrats auxquels les parties doivent ou veulent faire donner le caractère d'authenticité. Qui le conteste? La légalisation des signatures sur un acte sous seing privé ne confère point à cet acte le caractère authentique ; jamais on ne l'a prétendu. Le maire intervient non point pour certifier l'exactitude des faits consignés dans l'acte, mais pour attester la sincérité des signatures. Même au point de vue de la signature, la légalisation ne la rend pas authentique dans le sens juridique du mot. Si elle vient à être contestée devant les tribunaux, point ne sera besoin de recourir à la procédure de l'inscription de faux. Seule la signature du maire a un caractère authentique, mais ce caractère ne s'étend pas à ce qu'il atteste. Par suite, le privilége des notaires reste entier. L'acte sous seings privés légalisé n'en reste pas moins un acte sous seings privés n'ayant point d'autres effets de droit et notamment, on le reconnaît, n'ayant pas date certaine par le seul fait de la légalisation.

Mais alors quel est l'avantage de la légalisation? Quelle est son utilité? Il suffirait pour répondre à cette question de montrer le nombre d'actes pour lesquels on recourt à cette formalité. Sans doute, les parties ne la trouvent point inutile, puisqu'elles la réclament. L'utilité, l'avantage, c'est une garantie morale considérable , c'est la quasi-certitude que la personne avec laquelle on traite est bien celle avec laquelle on a l'intention de traiter, que l'on n'est pas en présence d'une fausse signature. Sans doute, l'acte notarié présenterait les mêmes avantages (et cependant la jurisprudence fournit des exemples d'erreurs que le ministère d'un notaire n'a pas empêchées), mais les frais qu'entraîne l'intervention des officiers ministériels sont toujours assez considérables et souvent hors de rapport avec l'intérêt engagé.

Qu'il s'agisse d'une procuration donnée pour le recouvrement d'une petite créance ou pour défendre devant un tribunal de commerce [1], il

---

1. Le ministère des avoués étant interdit devant les tribunaux de commerce (art. 627 du Code de commerce), les parties peuvent se faire représenter par des mandataires de leur choix qui, en général, sont pris dans le collége d'avocats agréés près chaque tribunal de commerce, et dont l'institution est aussi ancienne que celle des tribunaux de commerce. Ce mandataire doit être pourvu d'un pouvoir enregistré, et le tribunal auquel ce pouvoir est représenté a le droit d'exiger, comme garantie destinée à couvrir sa responsabilité et comme mesure de bonne administration de la justice, que la signature du mandant soit légalisée. Il n'exige pas des agréés cette mesure de la légalisation à raison de la confiance qu'inspire leur caractère.

Cette distinction a été l'objet de critiques dont récemment M. G. Cruchon, docteur en droit, s'est fait l'interprète dans deux intéressantes brochures intitulées *Légalisation des actes privés* (a), et *Usurpation de la puissance législative par quelques tribunaux de commerce* (b).

L'auteur développe cette thèse, d'une part, que les maires sont sans droit pour légaliser les procurations signées par des particuliers, d'autre part, que les tribunaux consulaires ne sauraient, sans empiéter sur le domaine du législateur, accorder un privilége en faveur d'une compagnie dont la loi ne reconnaît pas l'existence. La cour de Paris (5e chambre) vient par un arrêt du 6 mars 1880 de trancher la question dans les circonstances suivantes.

Un agent d'affaires s'étant présenté devant le tribunal de commerce de la Seine pour un sieur Jannin, muni d'un pouvoir non légalisé, le tribunal a refusé de l'admettre à plaider et a statué par défaut.

En appel, M. Jannin soutenait que le tribunal avait violé les dispositions de l'article 627 du Code de commerce qui autorise toute partie à se faire représenter par un mandataire, sans rien spécifier en ce qui concerne la légalisation du pouvoir, et qu'il avait en outre contrevenu aux prohibitions formelles et absolues de l'article 5 du Code civil, en statuant par voie générale et réglementaire.

La Cour, après plaidoirie de MMes Thibaut et Clausel de Coussergues, avocats des parties, a rendu l'arrêt suivant, conformément aux conclusions de M. Pradines, avocat général :

« La Cour,

« Sur l'appel des jugements des 10 et 24 septembre 1878 :

« Considérant, en fait, que Jannin, sur l'opposition qu'il a formée à l'exécution d'un premier jugement rendu contre lui par défaut, le 10 juillet 1878, s'est fait représenter devant le tribunal par un mandataire muni d'un pouvoir sous signature privée, enregistré, que toutefois la signature de Jannin n'étant pas légalisée, le tribunal a refusé d'admettre ce mandataire à plaider, et a mis d'office la cause à néant ; que sur une assignation en débouté d'opposition, et le fondé de pouvoirs

(a) In-8o, 45 pages, Paris, Pedone-Lauriel.
(b) In-8o, 80 pages, même éditeur.

est utile que le débiteur, que le tribunal ait une certitude morale de la sincérité de la signature du mandant. Cette certitude, la légalisation du maire la donne sans frais, sans retard. Pourquoi interdirait-on aux officiers municipaux de remplir cette formalité qui facilite les transactions intéressant leurs administrés et ceux d'entre eux surtout qui, peu fortunés, méritent particulièrement la protection tutélaire de l'administration.

Mais, se récrient les défenseurs du premier système, les intérêts du Trésor seront lésés; les ressources que l'enregistrement procure à l'État seront compromises, car les parties se contenteront de la légali-

---

de Jannin ayant persisté à ne pas faire légaliser la signature de celui-ci, le jugement du 24 septembre a prononcé contre lui défaut congé et ordonné qu'il serait délibéré sur le fond, que le double moyen proposé par Jannin à l'appui de l'appel par lui relevé de ces deux sentences est fondé, en premier lieu sur ce que le tribunal a violé les dispositions de l'article 627 du Code de commerce, en second lieu sur ce qu'il a excédé ses pouvoirs, en statuant par voie générale et réglementaire, contrairement aux prohibitions formelles et absolues édictées par l'article 5 du Code civil;

« Sur le premier moyen :

« Considérant que s'il résulte des articles 414 du Code de procédure civile et 627 du Code de commerce précité, que toute partie assignée devant la juridiction commerciale peut faire défendre sa cause, sans ministère d'avoué et par un mandataire de son choix, cette faculté, par cela même qu'elle est illimitée quant à la désignation de la personne investie du mandat, ne saurait être exclusive du droit qui appartient essentiellement aux tribunaux de commerce de contrôler la régularité du mandat et, par suite, de prendre, le cas échéant, les mesures qui leur paraissent les plus efficaces pour s'assurer que le pouvoir dont est porteur celui qui se présente au nom d'une partie, émane bien réellement de celle-ci ;

« Qu'il leur est évidemment impossible de connaître individuellement tous les justiciables, et aussi toutes les personnes auxquelles il leur convient de conférer ce mandat, et qui ne sont revêtues d'aucun caractère public et officiel ;

« Que dès lors les mesures de précaution exigées par les tribunaux de commerce, en pareil cas, ont uniquement pour but, non-seulement de pourvoir aux nécessités de la bonne administration de la justice, mais encore de garantir la sécurité et les intérêts mêmes des justiciables ;

« Qu'il pourrait arriver, en effet, qu'un pouvoir eût été surpris ou fût simulé, que des condamnations fussent prononcées, contradictoirement, en dernier ressort, contre des parties qui n'auraient point effectivement donné de mandat à celui qui se serait présenté pour elles, et qu'il résulterait de là, outre le préjudice dont elles souffriraient, de graves désordres que ne saurait autoriser la liberté illimitée du choix d'un mandataire devant les tribunaux de commerce;

« Qu'en présence de ce danger, et alors d'ailleurs que le texte de l'article 627 ne prescrit aucune condition substantielle pour la régularité du mandat, le tribunal n'en a aucunement violé les dispositions, en exigeant que l'identité du mandant fût constatée, dans la mesure du possible, par la légalisation de sa signature ;

« Qu'il est manifeste que l'accomplissement de cette simple formalité n'est pas plus une entrave au libre exercice du droit que toute partie tient de cet article, que celle de l'enregistrement qu'il n'exige point et qui n'en est pas moins indispensable ; que, dans le cas actuel, Jannin n'assistait point personnellement celui

sation du maire et ne feront pas enregistrer leur acte. Nous sommes
fort soucieux des droits de l'État et néanmoins cet argument ne nous
émeut guère.

La plupart des contractants savent fort bien que la date certaine
n'est assurée que par l'enregistrement et s'il est nécessaire, ils soumet-
tront l'acte légalisé à cette formalité. S'ils ne le font pas, c'est qu'ils
ne jugent pas utile de rendre la date authentique, et presque toujours
si la légalisation leur était refusée, ils ne s'en contenteraient pas moins
d'un acte sous seing privé non enregistré. D'ailleurs, en règle générale, les maires ne légalisent que les actes enregistrés. Il suffirait d'une
instruction ministérielle pour étendre cet usage à toute la France. Et
si, par hasard, quelque contrat échappait encore à l'enregistrement,
ce ne serait que fort rarement et nos finances n'en souffriraient que
dans une proportion infinitésimale.

Mais la responsabilité des maires qui peuvent être victimes et com-
plices involontaires de manœuvres frauduleuses? et l'atteinte portée à
la dignité de l'administration? Nous refusons encore de nous laisser
émouvoir. Les maires encourent par le fait de la légalisation une
responsabilité dont nous examinerons plus loin les conséquences. Ils
sont exposés à des tromperies; aussi doivent-ils s'entourer de garanties comme nous le verrons dans la suite de cette étude. Mais
en quoi ces considérations pourraient-elles porter atteinte au droit
que nous revendiquons pour eux? Dira-t-on sérieusement que
l'administration a été compromise par des abus en cette matière? A
quelle époque? Dans quelles circonstances? L'administration d'ailleurs, on l'accordera, est bon juge de ce qui peut entacher sa renom-

---

qui se disait son mandataire aux audiences des 10 et 24 septembre 1878 ; que le
pouvoir produit par ce dernier n'avait aucun caractère d'authenticité ;

« Qu'en cet état, c'est avec raison que le tribunal, considérant qu'il n'était pas
représenté, a statué comme il l'a fait par les deux sentences déférées à la Cour ;

« Sur le deuxième moyen :

« Considérant qu'il n'est point exact non plus que les jugements dont est appel
aient statué par voie générale et réglementaire ; qu'ils ne se sont, sous aucun
rapport, fondés sur un règlement antérieur quelconque qui n'est ni invoqué ni
rappelé et qu'il n'appartenait pas au tribunal de faire, et qu'ils s'appliquent
exclusivement au cas particulier résultant de l'irrégularité et de l'insuffisance du
pouvoir qui lui était soumis ; qu'ainsi il a jugé dans l'espèce et nullement en
vertu ou en vue d'une réglementation générale ; que ce moyen ne saurait donc
être accueilli;

« Par ces motifs,

« Met l'appellation au néant. »

mée. Croit-on qu'elle n'aurait pas interdit aux maires de légaliser les actes sous seings privés si l'expérience avait révélé des inconvénients graves? Or, elle ne l'a pas fait ; elle a au contraire autorisé ces légalisations, et pourtant, comme il ne s'agit que d'une simple faculté et non pas d'un devoir, une simple instruction ministérielle suffirait pour mettre fin à l'usage actuellement pratiqué.

En effet, et ici nous combattons le deuxième système, les maires ne sont nullement tenus de légaliser les actes sous seings privés. Aucune loi ne leur en fait l'obligation. L'article 11 de la loi du 6 mars 1791,. en disant *qu'ils feront les légalisations,* ne leur impose point le devoir de légaliser toute espèce d'actes, mais leur donne seulement compétence pour légaliser dans certains cas, concurremment avec les prési-. dents des tribunaux.

Nous ne considérons pas comme bien sérieux l'argument tiré des dispositions du Code civil qui autorisent les actes sous seings privés. La liberté de contracter sous cette forme reste entière, que l'acte soit ou non légalisé, et le maire qui refuse d'attester la réalité d'une signature, n'empêche nullement cet acte de produire les effets que le législateur y a attachés.

Nous résumons donc notre opinion par les termes mêmes du dernier avis du Conseil d'État (11 avril 1833) : — Dans les cas où les lois et règlements, ou instructions administratives ne leur prescrivent pas de légaliser les signatures , les maires *peuvent,* selon les circonstances,· donner ou refuser leur légalisation.

IV.

Dans la première partie de cette étude, après avoir signalé les cas principaux où, soit la loi, soit les règlements, font un devoir aux maires de légaliser la signature de leurs administrés, nous nous sommes efforcé d'établir que, lorsqu'il s'agit d'actes sous signatures privées, la légalisation peut, dans le silence de la loi, être donnée ou refusée selon les circonstances. Il nous reste à examiner quels sont les fonctionnaires qui peuvent légaliser en qualité de maire, quelles sont les personnes dont la signature peut être certifiée et de quelles garanties cette formalité doit être entourée, quelle est enfin la responsabilité des magistrats municipaux en cette matière et l'autorité compétente pour statuer en cas de contestation.

Le droit reconnu aux maires appartient évidemment non-seulement au maire lui-même, mais aussi à quiconque en remplit les fonctions, notamment à l'adjoint, ou au conseiller municipal chargé de l'administration municipale (art. 4 de la loi du 5 mai 1855).

Si le maire avait refusé de légaliser une signature, l'adjoint ou le conseiller municipal qui le remplacerait, pourrait-il, en son absence, connaissant ce refus, accorder la légalisation demandée ? Nous n'hésiterons pas à répondre : Oui. L'adjoint est, dans ce cas, entièrement substitué à tous les droits du maire. Il est investi de la plénitude du pouvoir municipal. C'est lui en réalité qui, pendant l'absence, même momentanée, du titulaire, est le maire de la commune. Il n'est pas plus lié par le refus antérieur, qu'il ne le serait si le chef de la municipalité était mort. Nous ne distinguons pas, d'ailleurs, entre le cas où il s'agit d'une absence imprévue et celui où l'absence était prévue, et où l'adjoint en aurait profité pour contrecarrer la volonté du maire [1], car il n'y a aucune raison juridique de distinguer. Bien entendu, nous parlons uniquement au point de vue du droit. Dans la plupart des cas, l'adjoint manquerait gravement à son devoir en agissant contrairement aux intentions connues du chef de la municipalité et s'exposerait aux mesures disciplinaires les plus sévères.

En vertu des mêmes principes, le maire absent de sa commune ne peut délivrer une légalisation de signature. Le fait seul de son absence le dessaisit entièrement de ses attributions, qui passent de plein droit à son substitut légal.

Aux termes de l'article 14 de la loi du 18 juillet 1837, le maire peut déléguer une partie de ses fonctions à un ou plusieurs de ses adjoints et, en l'absence des adjoints, à ceux des conseillers municipaux qui sont appelés à en faire les fonctions. La légalisation est sans aucun doute une des attributions qui peuvent être l'objet d'une semblable délégation. Mais, dans cette hypothèse, l'adjoint ou le conseiller municipal délégué agit sous le contrôle du maire et, en cas de doute, devrait lui en référer.

On sait que si le maire refuse ou néglige de faire un des actes qui

---

1. Voir *contra* : jugements des tribunaux d'Issoudun (12 juin 1850) et de Châteauroux (19 juillet 1850), affaire Roger ; DALLOZ, 1852, II, p. 133. Ces décisions, rendues à propos de la célébration d'un mariage, ont été évidemment inspirées par les circonstances de l'affaire et sont en opposition avec les principes qui régissent l'organisation communale.

lui sont prescrits par la loi, le préfet, après l'en avoir requis, peut y procéder d'office par lui-même ou par un délégué spécial (Loi du 18 juillet 1837, art. 15). Cette disposition est-elle applicable à la légalisation ? L'affirmative n'est pas douteuse lorsqu'il s'agit d'actes pour lesquels la loi a prescrit cette formalité. Nous allons plus loin et nous estimons que le préfet peut recourir à l'article 15 toutes les fois que le maire refuse de légaliser un acte ayant un intérêt administratif, car, d'une manière générale, les maires sont chargés de l'exécution des lois et règlements (Loi du 18 juillet 1837, art. 9), et on peut soutenir que dans ces cas la légalisation a pour objet l'exécution des lois et règlements. Mais s'il n'y a en jeu que des intérêts privés, l'intervention du maire est, nous l'avons dit, purement facultative; c'est un acte de bienveillance qui ne lui est *prescrit* par aucune loi. Le préfet ne saurait se substituer à lui, ni le faire remplacer par un délégué spécial [1].

Le délégué nommé par le préfet, en vertu de ses pouvoirs généraux d'administration, pour administrer provisoirement une commune dans laquelle il est impossible de constituer une municipalité régulière, est investi de toutes les attributions du maire. Il peut donc valablement légaliser les signatures.

Faut-il reconnaître le même droit aux adjoints spéciaux créés pour recevoir les actes de l'état civil dans les fractions de communes qui, par suite de quelque obstacle, ne peuvent communiquer sans danger ou sans de grandes difficultés avec le chef-lieu (Loi du 5 mai 1855, art. 3 ; Loi du 18 floréal an X)? L'affirmative ne nous paraît point douteuse lorsque le décret de création charge cet adjoint, comme la loi de 1855 le permet, de l'exécution des lois et règlements.

La compétence territoriale du maire est, en cette matière comme en toutes autres, limitée à l'étendue de la commune qu'il administre. Dans les villes divisées en arrondissements municipaux, Paris et Lyon, le maire d'un arrondissement ne peut légaliser la signature d'une personne résidant dans un autre quartier. Cette solution, conforme aux principes, a été donnée par un jugement du tribunal de commerce de Paris du 30 janvier 1830 [2] (affaire Duseaux).

---

1. Voir néanmoins : Décret en Conseil d'État, 8 août 1867 ; *Autorisation de poursuites,* Dunaigre c. Pommepuy. (Dalloz, 1869, 3, 14.)
2. Voir DALLOZ, *Dictionnaire,* v° *Huissier,* n° 18.

V.

Quelles sont les personnes dont la signature peut être légalisée ? Le maire, d'après l'article 11 de la loi du 6 mars 1791, certifie la signature des citoyens domiciliés dans sa commune. S'il fallait s'en tenir strictement aux termes de cette disposition, la légalisation ne pourrait être requise que par les individus en possession des droits électoraux et qui ont leur domicile légal dans la circonscription communale. Mais cette interprétation serait, à notre avis, beaucoup trop limitative. Pour ne parler que des pétitions, elle n'irait à rien moins qu'à interdire l'exercice du droit de s'adresser aux Chambres, à des personnes admises à en jouir par la jurisprudence parlementaire. On sait, en effet, que le droit de pétition a été reconnu en faveur des femmes et des mineurs (*Traité pratique de droit parlementaire*, par Jules Poudra et Eugène Pierre, n° 1518; — Rapport supplémentaire fait par M. Jules Simon, au nom de la commission du Sénat chargée d'examiner le projet de loi relatif à la liberté de l'enseignement supérieur), — des étrangers (*Traité pratique de droit parlementaire*, n° 1521) — et des individus privés des droits politiques (*id.*, 1520). Or, les signatures de ces pétitionnaires doivent, comme les autres, être légalisées. De même, les femmes, les mineurs, faisant le commerce, ne peuvent se faire représenter devant les tribunaux consulaires que par des mandataires munis d'un pouvoir dont le seing est légalisé, à moins qu'ils ne recourent à l'office d'un agréé. On ne saurait contester au maire le droit de certifier leur signature.

D'ailleurs, on n'a jamais nié que le maire puisse légaliser les signatures de personnes autres que les *citoyens*. Certaines instructions préfectorales ont seulement recommandé de ne légaliser les signatures apposées sur des pétitions par des femmes mariées qu'autant qu'elles justifieraient du consentement de leurs maris, et de refuser la légalisation aux autres [1]. Cette restriction même nous paraît excessive. Les maires, à notre avis, n'ont point à vérifier la capacité des signataires en matière de légalisation. Leur rôle se borne à affirmer que la signature

---

1. Voir notamment : circulaire du préfet de l'Yonne, 13 mai 1877. — *Recueil des actes administratifs de la préfecture*, 1877, p. 137.

émane bien de telle ou telle personne. Ils peuvent seulement, et c'est là une sage précaution, constater qu'elle est l'œuvre d'un mineur ou d'une femme mariée.

Si l'on ne doit pas s'arréter au mot *citoyens* employé par le législateur de 1791, nous ne croyons pas qu'il convienne non plus de prendre à la lettre l'expression : *domiciliés dans la commune*. Le maire n'aurait aucune bonne raison pour refuser de légaliser la signature d'une personne qui, sans avoir dans la localité son domicile légal, y réside depuis un temps suffisant pour y être individuellement connue. *Domiciliés dans la commune* équivaut en cette matière, pensons-nous, à *administrés*, et c'est dans ce sens que ces mots sont entendus dans la pratique.

Les signatures de personnes décédées sont-elles susceptibles d'être légalisées? Merlin[1] répond affirmativement, à la condition que la signature soit connue par tradition ou autrement. La même opinion se retrouve dans le *Dictionnaire* de Dalloz (v° *Légalisation*, n° 1) et dans le *Répertoire d'administration municipale* de Rigaud et Maulde (v° *Légalisation*). Nous n'hésitons pas à l'adopter. La légalisation est l'attestation de la sincérité d'une signature. Si cette sincérité ne fait point doute pour le maire, peu importe que la personne qui a tracé cette signature soit encore vivante ou qu'elle soit décédée. Seulement, dans ce cas, le devoir d'observer la plus grande circonspection s'impose plus rigoureusement encore au magistrat certificateur.

VI.

Il est utile de bien préciser la nature de l'acte que fait le maire lorsqu'il accorde la légalisation; souvent, en effet, les magistrats municipaux éprouvent des doutes à cet égard. Quelques-uns pensent qu'en légalisant la signature apposée au bas d'un document, ils en approuvent implicitement le contenu; plusieurs, partant de ce principe, ont refusé de donner l'attestation qu'on leur demandait, parce que l'écrit contenait des énonciations inexactes ou qu'ils considéraient comme contraires aux lois ou à l'ordre public. C'est là une appréciation tout à fait erronée. La légalisation a pour objet unique de certifier que la signature émane bien de l'auteur de l'écrit. Rien de plus.

---

1. *Répertoire de jurisprudence*, v° *Légalisation*.

Lors donc qu'il s'agit d'actes que, d'après la loi ou les règlements, les maires doivent légaliser, ceux-ci ne pourraient refuser l'attestation réclamée par des motifs pris de la teneur même de l'écrit. C'est en matière de pétition que les instructions ministérielles ont insisté sur ce point [1], mais le principe s'étend à tous les autres cas. Toutefois, si le maire doit accorder la légalisation, il ne lui est pas interdit, bien entendu, de faire entendre aux signataires, s'il le juge convenable et opportun, les conseils de la sagesse. Il peut même, et c'est, à notre avis, un devoir, déférer au procureur de la République l'acte qu'il croit répréhensible, suivant l'indication donnée par le Conseil d'État dans son avis du 25 novembre 1819. (Voir page 7.)

Aussi recommanderions-nous aux magistrats municipaux, comme mesure de bonne administration, de toujours prendre connaissance des documents qui leur sont présentés pour la légalisation.

La lecture de l'acte devient d'ailleurs indispensable s'il s'agit d'écrits qu'aucune loi, aucun règlement ne prescrit aux maires de légaliser. Nous avons vu en effet que si, dans ce cas, la légalisation peut être accordée régulièrement, rien ne contraint à la donner. Placé en face d'une simple faculté, le maire assume une responsabilité, non point légale, il est vrai, mais au moins morale, en certifiant la signature. Des motifs de haute convenance s'opposent évidemment à ce qu'un fonctionnaire public facilite par une intervention gracieuse un acte dont la nature lui paraît suspecte.

Aussi considérons-nous comme incontestable la solution donnée par le comité de l'*École des communes* à la question qui lui avait été soumise de savoir si un maire peut et doit refuser la légalisation d'une signature donnée en blanc-seing. Dans une consultation fort bien

---

1. « Il est dans le droit des auteurs d'une pétition, *quel qu'en soit l'objet*, de venir demander au maire de la commune de certifier l'authenticité de leurs signatures. *Cette formalité n'ayant pas d'autre portée et n'impliquant pas l'approbation du fond,* le maire ne peut se refuser à l'accomplissement, s'il en est requis, et *comme il n'assume par là, en aucune façon, la responsabilité des idées émises dans la pétition,* il n'a pas à se constituer juge de son opportunité ni de son mérite. » (Circul. du ministre de l'intérieur, 11 janvier 1873.)

« Les maires ne peuvent refuser la légalisation des signatures, cette formalité *n'étant que l'attestation de l'authenticité et de la véracité des signatures.* » (Circul. du ministre de l'intérieur, mai 1877.)

« Il demeure, comme devant, incontestable que *cette formalité n'emporte à aucun degré, de la part du magistrat qui la remplit, l'approbation de l'écrit dont il certifie les signatures et n'implique ni qu'il en approuve les vues, ni même qu'il en ait pris connaissance.* » (Circul. du ministre de l'intérieur, 8 avril 1879.)

motivée et publiée dans le recueil de 1860, page 35, le comité répond affirmativement. Après avoir établi que les maires ne sont pas tenus de légaliser les actes sous seings privés, il fait observer qu'une signature en blanc, ne présentant ni forme ni apparence d'acte, ne fournit aucune des indications nécessaires pour apprécier le plus ou moins d'opportunité de la légalisation. Il est hors de doute, dit-il, que le maire ne doit pas légaliser aveuglément tous les actes qu'on lui présente : soit qu'on admette avec les circulaires du préfet de la Seine de 1808 et 1816 que le maire ne doit légaliser que les actes qui ont rapport à la chose publique, soit qu'on lui permette, avec l'avis du Conseil d'État de 1831, de légaliser même les actes purement privés, pourvu qu'ils aient un caractère légal d'utilité, — il faudra dans tous les cas apprécier la nature et les effets de l'acte. C'est ce qui serait impossible quand la signature n'est précédée d'aucun écrit.

Le comité ajoute très-sagement : Non-seulement il serait impossible de savoir si l'acte sera relatif à un objet d'intérêt public ou privé, s'il aura ou non un but utile à un ou plusieurs particuliers, mais on ne saurait même pas s'il sera conforme aux bonnes mœurs et à l'ordre public. Une personne honorable peut donner une signature en blanc dont il sera fait plus tard un usage contraire à sa volonté, un usage immoral ou illégitime. Une autre signature peut, après coup, s'adjoindre à la première et former une convention contraire aux mœurs et à l'ordre social. La légalisation, qui doit toujours être une garantie pour la société, pour l'ordre général, pour l'intérêt particulier, pourrait devenir ainsi, contrairement à sa nature, un moyen de fraude et un instrument de désordre.

Nous concluons avec la consultation : les principes constants en cette matière et les considérations les plus graves d'ordre public et d'intérêt privé se réunissent pour conseiller aux maires la plus grande prudence dans l'exercice de leur pouvoir de légalisation et la première condition pour agir avec prudence et en connaissance de cause, est assurément de ne point légaliser de signature en blanc.

Lorsque l'on présente à la légalisation un acte rédigé en langue étrangère, le maire peut et doit, pour des raisons de même nature, exiger que la traduction en soit faite par un traducteur assermenté. (*Dictionnaire municipal* de M. Puibusque, page 708.)

On a demandé si un maire devait légaliser les signatures de deux feuilles de pétitions identiques dans leur forme, leur objet, et qui renfermaient la signature répétée de la même personne bien connue de lui. Il a été répondu, avec raison, suivant nous, que la légalisation ne peut être refusée, mais que le maire a le droit de signaler le fait dans la formule même de la légalisation [1].

VII.

Nous avons dit qu'en légalisant le maire n'atteste qu'une chose : la sincérité de la signature. Il ne saurait donc être légalement responsable de la teneur de l'acte ; mais sa responsabilité pécuniaire peut être engagée lorsque la signature est l'œuvre d'un faussaire. Un procès mentionné dans la *Gazette des Tribunaux* en fournit un exemple. On lit dans le numéro du 4 novembre 1828 de ce journal :

« Le maire de la commune de Bouchemaine, près Angers, avait légalisé la signature des époux Bonamy en bas d'une procuration portant pouvoir d'hypothéquer les biens de la femme, jusqu'à concurrence du montant d'une obligation de 6,000 fr. souscrite par le mari en faveur de M. Cornulier. En vertu de cette procuration, l'hypothèque fut consentie et inscription fut prise par le créancier sur les biens de la dame Bonamy. Le mari meurt, laissant une déclaration par laquelle il reconnaît que c'était sans le consentement de sa femme qu'il avait souscrit l'obligation de 6,000 fr. et consenti l'hypothèque sur les biens de cette dernière ; que la signature de sa femme au bas de la procuration était fausse ; que c'était lui qui l'avait contrefaite. La dame Bonamy dénia sa signature dont la fausseté fut démontrée jusqu'à l'évidence par une expertise. Le sieur Cornulier, se trouvant dans le cas de perdre sa créance, appela le maire de Bouchemaine en garantie de la signature par lui légalisée, attendu que c'était sur une signature dont la sincérité lui avait été garantie par la légalisation du maire, qu'il s'était déterminé à prêter les 6,000 fr. Après avoir obtenu du Conseil d'État l'autorisation de poursuivre, le sieur Cornulier a fait condamner le maire, par jugement du 31 juillet 1828 du tribunal de Nantes, à la garantie de l'obligation hypothécaire. »

Récemment, l'adjoint au maire de Bordeaux ayant légalisé une

---

1. Circulaire du préfet d'Indre-et-Loire, 10 avril 1879. — *Recueil administratif des actes de la préfecture*, 1879, p. 137.

fausse signature apposée sur une procuration donnée en vue d'une aliénation de rente sur l'État, fut actionné par la partie lésée en dommages-intérêts et le tribunal de Bordeaux le déclara responsable par un jugement du 14 juillet 1875, que la Cour de cassation a confirmé le 11 juillet 1876. (Dalloz, 1877, I, p. 25.) Toutefois, le tribunal a atténué la condamnation prononcée contre ce fonctionnaire, en se fondant sur ce qu'il était juste de tenir compte de ce que la légalisation des signatures est un acte purement gracieux de la part du maire, et de ce que ses fonctions sont gratuites. Voici d'ailleurs le texte du considérant relatif à la responsabilité de l'adjoint.

Attendu, en ce qui concerne D..., que D..., adjoint au maire, en légalisant la fausse signature Joseph Guerraud, n'a point agi comme administrateur des biens de la commune, mais plutôt comme officier de police judiciaire ; qu'il a accompli un acte de sa fonction ; que cet acte est personnel et que, s'il a commis une faute, lui seul en est responsable ; que D... a imprudemment légalisé une fausse signature, et que cette légalisation imprudente a concouru à occasionner le dommage éprouvé par Joseph Guerraud, puisque, sans cette légalisation, le transfert n'aurait pas pu être effectué ; que D... est responsable dans la mesure du préjudice que son imprudence a causé ; que dans l'appréciation de cette mesure, il est juste de tenir compte de ce que la légalisation des signatures est un acte purement gracieux de la part du maire ; que ses fonctions sont absolument gratuites et de ce que ces légalisations ne pouvaient entraîner aucun dommage, si ceux à qui la pièce légalisée a été remise avaient fait leur devoir ; qu'il y a lieu d'évaluer au cinquième du dommage la responsabilité de D....

VIII.

A raison de cette responsabilité, l'administration supérieure a, à différentes époques, appelé l'attention des maires sur la nécessité de s'entourer de sérieuses garanties avant d'accorder la légalisation. Le 11 octobre 1824, le ministre de l'intérieur, à la suite d'une condamnation prononcée par une cour d'assises contre un individu prévenu de faux en écriture privée, par supposition de signature attribuée à un militaire créancier de l'État, prescrivit aux maires appelés à légaliser une signature, d'exiger que le particulier l'apposât en leur présence ou devant l'adjoint. La circulaire ajoutait : Il est nécessaire aussi que ce particulier soit connu du maire et que, s'il ne le connaît pas, comme cela est possible dans les grandes villes, il se fasse attester, ou par le commissaire de police de son quartier dans les villes, ou par des gens dignes de foi et connus de lui, que celui qui se présente et qui signe est bien *tel* individu portant *tel* nom.

Depuis, on s'est beaucoup relâché de ces prescriptions rigoureuses qu'il ne serait point toujours possible d'observer. Quand il s'agit notamment de pétitions revêtues de centaines, de milliers de signatures, on ne saurait pratiquement contraindre les pétitionnaires à venir tous tracer leur seing sous les yeux du maire. Aussi la circulaire ministérielle du 11 janvier 1873 dit-elle : Le maire peut et doit exiger, sinon que les signatures soient apposées en sa présence, du moins « *que la sincérité en soit attestée par deux témoins de lui connus* ».

La même recommandation est formulée en termes presque identiques dans la circulaire de mai 1877. Enfin, dans une instruction du 8 avril 1879, le ministre de l'intérieur écrivait : « Le maire peut et doit exiger, non peut-être comme le stipulait une circulaire du 11 octobre 1824, que chaque signature soit apposée en sa présence (ce qui, dans la pratique, constituerait le plus souvent une impossibilité matérielle pour les grands centres de population et à l'égard des pétitions souscrites par de nombreux adhérents), mais du moins que deux témoins de lui connus attestent la sincérité de chacune d'elles. Et cette dernière condition doit être entendue en ce sens qu'il ne suffit pas que l'identité des témoins soit établie à ses yeux, mais qu'il faut encore que leur honorabilité lui soit personnellement connue et lui paraisse de nature à inspirer toute confiance dans leurs déclarations. »

Il arrive assez souvent que deux ou trois personnes, insuffisamment connues ou dont la sincérité peut faire doute, présentent une pétition recouverte de nombreuses signatures et portant la mention qu'ils en certifient l'authenticité, et demandent au maire la légalisation, en offrant d'apposer leur propre signature en sa présence et devant témoins. Dans ces conditions, le devoir du maire est tout tracé. Il ne peut se refuser à légaliser les signatures des requérants ; mais il doit constater expressément que l'attestation ne s'applique qu'à eux seuls et ne s'étend point aux autres pétitionnaires.

D'ailleurs, comme règle générale, les maires ne doivent pas perdre de vue qu'ils ne satisferaient qu'incomplétement aux prescriptions de la loi ou des règlements s'ils se bornaient à mettre à la suite des signatures cette formule vague : *Vu pour légalisation des signatures appo-*

sées ci-dessus. Il est indispensable que la formule rappelle *tous les noms des signataires,* de telle sorte qu'il soit impossible d'en augmenter ultérieurement le nombre [1].

Quand il s'agit de documents ne contenant qu'un nombre restreint de signatures, il nous paraît prudent de continuer à suivre les recommandations de la circulaire ministérielle de 1824. Le tribunal de commerce de la Seine a jugé, le 30 janvier 1830, dans l'affaire Duseaux [2], que la légalisation ne peut être valablement donnée par un maire sur l'attestation qui lui est faite par un tiers de la sincérité d'une signature tracée hors de sa présence. Quant au choix des témoins, il suffit que le magistrat municipal les connaisse comme des personnes honorables. On s'imagine assez fréquemment qu'il convient de préférer les personnes patentées. Nous ne voyons aucun motif qui justifie cette préférence. Bien d'autres témoins, des fonctionnaires, des agents des administrations publiques, par exemple, offrent par leur situation tout autant de garanties que les commerçants. Ajoutons, pour terminer sur ce point, que les déclarations des femmes peuvent être admises comme celles des hommes. Il ne s'agit pas, en effet, de témoins dans le sens donné par la loi à ce mot en matière d'actes notariés ou d'actes de l'état civil.

A côté de son visa, le maire doit apposer le cachet de la mairie. Cette formalité n'a rien d'essentiel, assurément, mais elle constitue une sage précaution, puisqu'elle est de nature à prévenir les fraudes ; elle ajoute d'ailleurs au caractère d'authenticité de l'attestation.

IX.

Nous voici parvenus à la question que le Tribunal des conflits a eu à juger et à l'occasion de laquelle nous avons entrepris cette étude. Les explications données dans la première partie de notre travail nous permettront d'en mieux saisir la portée. Cette question, la voici : Quand un maire refuse d'accorder la légalisation qui lui est demandée pour un acte dont la légalisation est prescrite par la loi ou les règlements,

---

1. Circulaire du préfet de Maine-et-Loire, du 7 avril 1879. — *Recueil des actes administratifs de la préfecture,* 1879, p. 154.
2. Voir Dalloz, v° *Huissier,* n° 18.

peut-il être actionné devant les tribunaux civils en dommages-intérêts par la personne que ce refus a lésée ? En d'autres termes, l'autorité judiciaire est-elle compétente pour statuer sur une semblable demande ?

La première espèce dans laquelle le Tribunal des conflits ait eu à statuer, est la suivante : M. de Boislinard, demeurant au château de la Jarrigues, commune de Leignes, s'est présenté le 27 avril 1879 à la mairie de Leignes avec quatre autres habitants de la commune ; ils étaient porteurs de pétitions tendant au rejet du projet de loi sur l'enseignement supérieur ; au bas de ces pétitions se trouvaient des certificats dans lesquels ils attestaient la sincérité des signatures dont elles étaient revêtues ; ils demandaient au maire de certifier à son tour la sincérité de leurs cinq signatures. M. Puissesseau, maire de Leignes, s'y refusa et, malgré une sommation extrajudiciaire, il maintint son refus.

M. de Boislinard, prétendant que ce refus lui causait un préjudice, assigna M. Puissesseau devant le tribunal civil de Montmorillon, pour le faire condamner en 300 fr. de dommages-intérêts.

M. Puissesseau fit défaut, et le tribunal rendit, le 30 juin, malgré des conclusions d'incompétence prises par le ministère public, un jugement par lequel il retenait la cause et condamnait le maire en 5 fr. de dommages-intérêts.

Nous reproduisons le texte de ce jugement[1], parce qu'il résume les arguments que l'on peut donner en faveur de la compétence de l'autorité judiciaire.

Considérant que la qualité de maire ne peut, d'une manière absolue et dans tous les cas, être, de la part du citoyen qui en est investi, invoquée pour se soustraire à la juridiction ordinaire des tribunaux civils ;

Qu'autrement les justiciables, ayant à se plaindre de la violation de leurs droits par le maire de leur commune, seraient dans l'impossibilité de demander à leurs juges naturels la réparation d'un préjudice causé, en même temps que dans l'obligation de s'adresser à la juridiction exceptionnelle des tribunaux administratifs ;

Que l'abrogation de l'article 75 de la Constitution de l'an VIII, ayant eu pour but de soumettre tous les citoyens à la loi commune et de permettre à tous de poursuivre sans entrave la réparation du préjudice qui leur serait

---

1. Nous l'empruntons à la *Gazette des Tribunaux,* qui l'a publié dans son numéro du 12 juillet 1879.

occasionné par des fonctionnaires dans l'exercice de leurs fonctions, on mé-
connaîtrait l'esprit du législateur et l'on maintiendrait un privilége ainsi
qu'une inégalité choquante en faveur des maires, si l'on admettait que, du
moment où ils seraient assignés à raison de leur qualité, ils pourraient toujours se soustraire à la juridiction, commune à tous, des tribunaux civils ;

Considérant que si, par dérogation au droit commun, certaines matières et
spécialement l'interprétation des décisions et actes administratifs sont attri-
bués par la loi à une juridiction spéciale, celle des tribunaux administratifs,
cette exception, ainsi que toutes les exceptions, doit être étroitement et strictement entendue, sans jamais pouvoir être étendue à des affaires ne ressor-
tissant pas formellement à la juridiction administrative ;

Considérant que la violation des lois civiles ou constitutionnelles, tout
aussi bien que des lois pénales, qui sont, les unes et les autres, les armes
légales mises à la disposition des citoyens par le pouvoir législatif et par la
Constitution pour la protection de leurs droits, en même temps que pour la
défense de la société, rend les maires, comme tous autres fonctionnaires,
uniquement justiciables des tribunaux civils ou correctionnels ;

Considérant que vainement on objecterait qu'aux termes de l'article 15 de
la loi du 18 juillet 1837 sur l'administration municipale, de Boislinard aurait
dû s'adresser au préfet du département de la Vienne ;

Que cet article n'a visé et ne pouvait évidemment viser que l'inexécution
par un maire de ses obligations comme représentant du pouvoir central et
spécialement de celles que tous les articles précédents de la même loi, 9, 10,
11, 12, 13 et 14, lui faisaient un devoir de remplir, mais que le législateur
n'a pu avoir en vue les devoirs des maires agissant comme officiers de l'état
civil, tuteurs des intérêts de leurs administrés, officiers de police judiciaire,
officiers publics ou enfin à titre de juges de police ;

Que, dans l'espèce, il y a eu de la part de Puissesseau, agissant en qualité de maire, privation, au préjudice de citoyens, de l'exercice d'un droit
qui leur était formellement reconnu par les constitutions françaises, celui de
pétition aux Chambres ;

Que l'exercice de ce droit étant subordonné à la légalisation des signatures
des pétitionnaires, et de Boislinard s'étant scrupuleusement conformé aux
prescriptions relatives à l'exercice de ce droit en ne réclamant d'abord verbalement, ensuite par exploit d'huissier, que la légalisation par M. le maire de
Leignes des signatures apposées devant lui, ce dernier ne pouvait, sans
violer formellement la loi constitutionnelle, refuser arbitrairement de remplir
le devoir qui lui incombait ;

Qu'il y aurait lieu de décider encore ainsi dans le cas où un maire, agissant
cependant incontestablement comme maire, aurait illégalement privé un
citoyen inscrit sur les listes électorales de l'exercice de son droit de vote ;

Que c'est encore par application des mêmes principes que, comme conséquence des condamnations correctionnelles prononcées contre un maire pour
violation de ses devoirs d'officier de l'état civil, une action en dommages-
intérêts peut lui être valablement intentée ;

Considérant qu'en définitive ce n'est pas comme représentant du pouvoir central, mais bien plutôt en qualité de tuteur des intérêts de la commune et comme officier public chargé de donner en quelque sorte l'authenticité aux signatures de ses administrés, qu'agit un maire en légalisant des signatures émanées d'habitants de sa commune ;

Que cette mission légale a, en effet, été confiée aux maires par le décret des 6 et 27 mars 1791 sur le nouvel ordre judiciaire ;

Considérant que les tribunaux civils doivent protéger le libre exercice de tous les droits conférés aux citoyens par les lois civiles et constitutionnelles ;

Que la privation de ces droits, de la part d'un fonctionnaire, constitue évidemment un préjudice dont, aux termes de l'article 1382 du Code civil, il doit réparation et que la compétence des tribunaux civils ne peut donc être sérieusement contestée ;

Considérant que, dans l'espèce, le maire Puissesseau reconnaît, en faisant défaut, n'avoir point de motifs sérieux à opposer à l'action introduite contre lui ;

Qu'il a, en effet, causé à de Boislinard un préjudice que le Tribunal a les éléments suffisants pour apprécier, et qu'au surplus le demandeur s'en est verbalement rapporté à prudence sur le chiffre des dommages-intérêts ;

Par ces motifs,

Le Tribunal se déclare compétent ;

Donne défaut contre Puissesseau faute de comparaître et constituer avoué, et pour le profit, le condamne à cinq francs de dommages-intérêts et aux dépens.

Sur l'opposition du défendeur, l'affaire étant revenue devant le tribunal, le préfet de la Vienne présenta un déclinatoire fondé sur ce que le maire avait agi dans la limite de ses attributions administratives et avait accompli un acte qui ne relevait pas de l'autorité judiciaire.

Par jugement du 29 juillet 1879, le tribunal maintint sa première décision sur la compétence.

Le préfet éleva le conflit, et le 29 novembre dernier, le Tribunal des conflits rendit la décision suivante sur le rapport de M. Collet et les conclusions de M. Charrins, commissaire du Gouvernement :

Considérant que, par exploit du 12 mai 1879, le sieur de Boislinard a fait donner assignation devant le tribunal civil de Montmorillon au sieur Puissesseau, maire de la commune de Leignes, pour s'entendre condamner à 300 francs de dommages-intérêts ;

Considérant que cette demande est exclusivement fondée sur ce que le maire de Leignes a refusé de certifier la sincérité de la signature apposée par M. de Boislinard au bas d'une pétition ;

Considérant que les tribunaux civils ne sont compétents pour statuer sur les demandes en dommages-intérêts formées contre les fonctionnaires publics, que lorsqu'elles sont fondées sur des faits personnels à ceux-ci, et non sur des actes administratifs ;

Considérant que c'est en leur qualité d'agents du pouvoir central, sous l'autorité et d'après les instructions de leurs supérieurs hiérarchiques, que les maires certifient la sincérité des signatures de leurs administrés ; qu'on ne saurait rattacher ces actes, ni aux fonctions des maires comme officiers de l'état civil, ni à l'exercice de la police judiciaire ; qu'en conséquence la décision du maire, soit qu'il délivre, soit qu'il refuse ces certificats, constitue un acte d'administration dont les tribunaux civils ne peuvent ni examiner les motifs, ni apprécier la légalité ;

Considérant que le tribunal civil de Montmorillon a donc méconnu les prohibitions résultant des lois ci-dessus visées des 16-24 août 1790 et 16 fructidor an III, en se déclarant compétent pour connaître de l'action intentée au maire de Leignes, par le sieur de Boislinard ;

Décide :

L'arrêté de conflit ci-dessus visé est confirmé.

Sont considérés comme non avenus : 1° l'exploit, à la date du 12 mai 1879, par lequel le sieur de Boislinard a fait assigner le sieur Puissesseau, maire de Leignes ; 2° le jugement du tribunal civil de Montmorillon, en date du 29 juillet 1879, par lequel ledit tribunal s'est déclaré compétent pour connaître de la demande contenue audit exploit.

Si, lorsqu'une aussi haute juridiction a prononcé, il nous était permis d'émettre un avis, nous n'hésiterions pas à déclarer que le bien fondé de cette décision n'est pas sérieusement contestable. La question de compétence se réduisait en réalité à celle-ci : la légalisation est-elle un acte administratif que le maire accomplit comme représentant du Gouvernement dans la commune ? L'affirmative est certaine. Le tribunal de Montmorillon avait assimilé cette attribution à celles que le maire exerce comme officier de l'état civil ou comme officier de la police judiciaire. Mais cette prétention n'était appuyée d'aucun texte, d'aucun argument juridique. Les attributions du maire comme officier, soit de l'état civil, soit de la police judiciaire, sont délimitées par les Codes, et en semblable matière on ne saurait procéder par assimilation. En fait, si le maire peut donner à une signature un caractère d'authenticité, il le doit à sa qualité de fonctionnaire, de représentant du pouvoir exécutif. Il agit, en ce cas, sous le contrôle du préfet et du ministre de l'intérieur. Ce sont des instructions administratives émanées de ses supérieurs hiérarchiques qui tracent dans quelles limites et dans quelles conditions il peut attester l'identité des signataires, et le Conseil d'État, dans son avis du 11 avril 1833, a déclaré que *les instructions administratives* pouvaient désigner aux maires les actes qu'ils sont obligés de légaliser.

Le tribunal de Montmorillon soutenait que l'action motivée par le refus du maire devait rentrer dans la compétence de l'autorité judiciaire, puisque le législateur n'a attribué la connaissance de ces actions à aucun tribunal administratif. Cette considération n'était nullement décisive. Si le conflit ne peut être élevé en matière de police correctionnelle que dans le cas où la répression du délit est attribuée par une disposition législative à l'autorité administrative (Ordonnance du 1er juin 1828, art. 2), il n'en est pas de même devant les tribunaux civils. Il suffit alors que l'autorité judiciaire ne puisse connaître de l'action sans porter atteinte à la règle de la séparation des pouvoirs ; or, dans l'espèce, ne serait-il pas contraire à cette règle d'autoriser les tribunaux à apprécier l'usage qu'un maire a fait, peut-être d'après les instructions de ses supérieurs hiérarchiques, d'une de ses fonctions administratives ?

Dans une seconde affaire, la question, bien qu'au fond identique, se présentait avec des circonstances un peu différentes. Le 12 mai 1879, les dames de la Frégeollière et Perrichet se rendaient auprès du maire de Chigné et le requéraient de légaliser les signatures qu'elles se proposaient d'apposer en sa présence sur une pétition également destinée aux Chambres et relative aux projets de loi sur l'enseignement. Le maire ne crut pas devoir déférer immédiatement à cette invitation ; il désirait provoquer les instructions du préfet. Mais le jour même, ces deux dames lui firent faire sommation par voie d'huissier de certifier leurs signatures. En présence de cet acte, le maire consentit à accorder la légalisation.

Quelques jours après, il était assigné devant le juge de paix de Noyant, à raison du refus qu'il avait d'abord opposé. Les demanderesses réclamaient cent vingt-cinq francs de dommages-intérêts à raison des démarches et des frais auxquels les avait obligées la nécessité de recourir au ministère de l'huissier. Le juge de paix se déclara incompétent ; mais, saisi par voie d'appel, le tribunal de Beaugé estima au contraire que le litige rentrait dans la compétence de l'autorité judiciaire. Il rejeta, par jugement du 13 septembre, un déclinatoire que le préfet de Maine-et-Loire avait proposé. Le préfet prit alors un arrêté de conflit qui fut confirmé le 13 décembre par le Tribunal des conflits. Cette décision reproduit presque textuellement la précédente. Seulement, au lieu de se borner à dire que la décision du maire, soit qu'il délivre, soit qu'il refuse la légalisation, constitue un acte administratif, elle ajoute : *soit qu'il ajourne.*

Toutefois, on l'a remarqué, l'espèce présentait une circonstance particulière. Le maire, en accordant une légalisation qu'il avait refusée quelques heures auparavant, sans qu'aucun motif apparent justifiât ce changement de décision, sans qu'aucune garantie nouvelle lui fût offerte, pouvait paraître avouer par le fait même qu'il avait eu tort. On aurait, avec quelque apparence de raison, pu soutenir que dès lors le tribunal n'avait pas à apprécier un acte administratif, mais seulement à constater que, de son aveu même, le maire avait commis une faute et à tirer la conséquence de cette constatation en allouant des dommages-intérêts aux demanderesses. Ce raisonnement n'eût pas été admissible et, dans une affaire analogue, il n'a pas été admis par le Tribunal des conflits[1]. En effet, déclarer que le maire a agi sans motifs, c'est en réalité rechercher et apprécier les motifs de la décision qu'il a prise dans une matière administrative ; c'est s'immiscer dans l'appréciation d'un acte administratif, ce que les tribunaux ne peuvent faire sans violer la règle de la séparation des pouvoirs.

X.

Dans plusieurs affaires de même nature, l'autorité judiciaire a d'ailleurs elle-même reconnu son incompétence.

M. Boussu, directeur du journal *la Gazette de Seine-et-Oise*, avait recueilli un certain nombre de signatures sur des feuilles de pétitions contre les projets de lois Ferry. Il certifia les signatures apposées devant lui dans ses bureaux, et demanda à la mairie de Versailles la légalisation de sa propre signature. La signature de M. Boussu fut légalisée, mais la légalisation était accompagnée d'une mention qui parut à M. Boussu une appréciation défavorable en dehors des droits et des devoirs des officiers municipaux.

Il fit donc assigner M. Rameau, maire de Versailles, et M. Fontaine, son adjoint, devant le tribunal civil de Versailles, pour faire déclarer

---

1. Décision du 10 avril 1880 : Gorry c. Gaubaing (V. livraison de juin, p. 175). Dans cette affaire il s'agissait d'un maire qui, après avoir refusé à un entrepreneur de travaux publics un certificat de bonne vie et mœurs, lui avait ensuite délivré ce certificat sur sommation d'huissier.

qu'ils avaient agi à tort et sans droit, et avaient excédé leurs pouvoirs, en mettant des réserves à la légalisation, qui, prétendait-il, doit toujours être pure et simple ; il concluait en outre à des dommages-intérêts et à l'insertion du jugement à intervenir dans un certain nombre de journaux.

Le tribunal, conformément aux conclusions du procureur de la République, s'est déclaré d'office incompétent par le jugement suivant du 25 juillet 1879, dont la doctrine est conforme à celle du Tribunal des conflits :

Le Tribunal,

Attendu que le principe de la séparation des pouvoirs s'impose au Tribunal et domine la cause qui lui est soumise ;

Qu'en procédant comme adjoint au maire de la ville de Versailles, à la légalisation de la signature apposée par Boussu au bas de diverses feuilles de pétitions, Fontaine a accompli, conformément à l'article 9 de la loi du 18 juillet 1837, un acte d'une fonction spéciale qui lui est attribuée par les lois, et dont il est chargé sous l'autorité de l'administration supérieure ;

Que l'examen de la manière dont il a accompli cet acte de sa fonction et de la forme de cet acte ne saurait appartenir qu'au pouvoir exécutif ;

Attendu que l'abrogation de l'article 75 de la Constitution de l'an VIII n'a eu pour but et pour effet que de supprimer une fin de non-recevoir sans apporter aucune modification à l'ordre des juridictions ;

Par ces motifs,

D'office, se déclare incompétent ;

Condamne Boussu aux dépens.

Appel de ce jugement fut formé par M. Boussu. Il soutenait, par des conclusions subsidiaires, que si le maire et l'adjoint de Versailles pouvaient être considérés comme agents de l'ordre administratif quant à la légalisation proprement dite, cette qualité ne leur appartenait plus lorsqu'ils ajoutaient à la légalisation une mention qui lui était étrangère et dont les conséquences devaient rentrer dans la compétence des tribunaux ordinaires.

A l'audience du 23 février dernier, la première chambre de la cour de Paris, présidée par M. le premier président Larombière, et statuant conformément aux conclusions de M. l'avocat général Robert, a confirmé, par adoption de motifs, la décision des premiers juges.

Le tribunal civil de Vannes s'est prononcé dans le même sens par un

jugement rendu le 14 août 1879, sur une demande formée par M. de
Rorthays et autres contre le maire de Vannes [1].

Tout récemment, la cour de Montpellier, annulant un jugement du
tribunal civil de Perpignan, vient également de reconnaître l'incompétence de l'autorité judiciaire en cette matière. Voici dans quelles circonstances la question se posait :

Vers la fin du mois de septembre 1878, le sieur Dijaud présentaît à
M. Simon, maire de Neffiach, un certificat de bonne vie et mœurs, au
bas duquel figuraient les signatures des principaux habitants de la
commune, et le pria de légaliser ces signatures.

Le maire opposa à la demande du requérant un refus non motivé,
dans lequel il persista malgré une sommation par huissier et malgré la
présence à la mairie des trente-neuf signataires du certificat, ces der-

---

1. Considérant que la loi des 16-24 août 1790 (titre II, art. 13) dispose que les
fonctions judiciaires sont distinctes et séparées des fonctions administratives ;
que les juges ne pourront troubler, de quelque manière que ce soit, les corps
administratifs, ni citer devant eux les administrateurs pour raison de leurs fonctions ;
Que le décret du 16 fructidor an III fait défenses itératives aux tribunaux de
connaître des actes de l'administration, de quelque espèce qu'ils soient ;
Que ces dispositions légales consacrent d'une façon nette et précise, le principe
de la séparation des pouvoirs, en même temps qu'elles en assurent l'exacte application ;
Que la prohibition faite aux tribunaux judiciaires de connaître des actes d'administration de quelque espèce qu'ils soient, constitue une règle de compétence
absolue et d'ordre public destinée à protéger les actes administratifs ;
Considérant que l'article 75 de la Constitution de l'an VIII avait disposé que
des agents du Gouvernement, autres que les ministres, ne pouvaient être pour-
suivis, pour des faits relatifs à leurs fonctions, qu'en vertu d'une décision du
Conseil d'État ;
Qu'un décret rendu par le gouvernement de la Défense nationale, le 19 septembre 1870, a déclaré abrogé cet article 75 de la Constitution de l'an VIII, ainsi
que toutes autres dispositions légales ayant pour but d'entraver les poursuites
dirigées contre les fonctionnaires publics de tout ordre ;
Que ce décret n'a nullement porté atteinte au principe de la séparation des
pouvoirs qui subsiste en son entier, qu'il a uniquement supprimé une formalité,
à savoir qu'à l'avenir les fonctionnaires publics peuvent, sans passer par le préli-
minaire de l'autorisation du Conseil d'État, être cités devant les tribunaux judiciaires, qui conservent toute leur liberté d'action, mais dans les limites de leur
compétence et de leur juridiction ;
Que ce décret de 1870, en supprimant cette formalité, n'a pas pu avoir pour conséquence d'augmenter les attributions des tribunaux judiciaires, dont les pouvoirs
ont été limités, d'une manière absolue, par les lois et décrets précités, qui n'ont
point été abrogés et qui subsistent, notamment, en ce qui concerne la prohibition
qui leur est faite de connaître des actes administratifs et de les interpréter ;
Considérant que l'action intentée, le 20 juin dernier, par MM. de Rorthays, ancien préfet du Morbihan, Muchet, ancien adjoint au maire de Vannes, Guyot de
Salins, de Cadaran, Le Mintier, de Lehelec, de Cossé père et de Kersauzon contre
M. Burgault, en sa qualité de maire de Vannes, a pour objet de faire déclarer

niers offrant de signer en la présence et sous les yeux de M. Simon, afin que celui-ci ne pût invoquer un doute quelconque au sujet des trente-neuf signatures.

M. Dijaud fit citer M. Simon devant le juge de paix de Millas, pour s'y concilier, si faire se pouvait, sur l'action qu'à défaut de conciliation, il annonçait devoir porter devant le tribunal compétent et qui tendrait à faire condamner M. Simon au paiement de 1,200 fr. comme dommages-intérêts.

Les parties ne s'étant pas conciliées, l'affaire fut portée devant le tribunal civil de Perpignan qui, à la date du 25 août 1879, rendit un jugement par lequel il se déclarait compétent et condamnait le maire à 25 fr. de dommages-intérêts.

---

arbitraire, illégal et mal fondé, le refus fait par lui, les 12, 13 et 14 mai dernier, de légaliser purement et simplement les signatures des demandeurs apposées au bas de certificats et faisant suite à des feuilles de pétition qu'ils se proposaient d'adresser au Sénat, qu'en agissant ainsi, M. le maire a entravé l'exercice d'un droit légitime et causé un préjudice pour lequel il doit être condamné à payer à chacun des demandeurs une somme de 300 fr., à titre de dommages-intérêts;

Considérant que M. le maire de Vannes prétend n'avoir jamais refusé d'une manière positive les légalisations demandées, qu'il s'est borné à réclamer le dépôt à la mairie des nombreuses feuilles de pétitions qui lui étaient présentées, afin d'accorder son visa à toutes les signatures dont il parviendrait à constater l'identité; que, pour éviter le retour des sommations qui lui furent alors adressées par huissier, il formula une formule de légalisation, de laquelle il résultait qu'il était prêt à accorder sa légalisation aux certificateurs qui lui étaient connus, mais qu'il n'entendait point l'attacher aux signatures des pétitions apportées à la mairie par des personnes qui n'avaient pas voulu les laisser examiner ni vérifier, que cette décision prise par M. le maire a été par lui dénoncée, par lettres individuelles à chacun des certificateurs, qu'elle a été publiée dans le journal de Vannes, *l'Avenir du Morbihan,* et que l'offre de légaliser dans ces termes et conditions, a été de nouveau faite par M. Burgault aux demandeurs et insérée au procès-verbal de conciliation;

Considérant qu'en procédant ainsi, en sa qualité de maire, M. Burgault a fait acte de fonction spéciale qui lui est attribuée par la loi, et pour l'accomplissement de laquelle il avait à plusieurs reprises reçu des instructions de l'autorité supérieure, notamment de M. le préfet du Morbihan, dans la circulaire du 11 avril 1879, sur les termes de laquelle les demandeurs se sont appuyés pour faire leurs sommations des 12 et 14 mai dernier;

Que l'examen de la manière dont M. le maire de Vannes a cru devoir agir en ces circonstances, notamment en ce qui concerne ses réponses aux susdites sommations des 12 et 14 mai, le refus de légaliser immédiatement certaines pièces, l'opportunité des mesures qu'il a cru devoir prendre avant de donner sa légalisation, les nécessités administratives qui l'ont déterminé à ajourner d'autres légalisations, ne saurait rentrer dans la compétence des tribunaux judiciaires;

Par ces motifs:

Se déclare incompétent et condamne MM. de Rorthays, Huchet, Guyot de Salins, de Cadaran, Le Mintier, de Lehelec, de Cossé père et de Kersauzon, aux qualités prises par eux dans l'exploit introductif d'instance, en tous les dépens.

Les motifs de cette décision relatifs à la question de compétence
étaient ainsi conçus :

Attendu que ce n'est pas comme représentant le Gouvernement, mais
comme officier public chargé de protéger les intérêts de sa commune, que le
maire a été chargé par le décret des 6-27 mars 1791, relatif au nouvel ordre
judiciaire, de légaliser les signatures des habitants de sa commune ;
Attendu sans doute que le maire a le droit et même le devoir de s'assurer
de la sincérité des signatures, mais qu'il ne saurait, sans engager sa responsabilité, refuser aux citoyens la protection qu'il leur doit ;
Attendu qu'en refusant de légaliser la signature de Dijaud, dans les circonstances révélées à l'audience, Simon a cédé à un sentiment dont il est
inutile de qualifier la nature ;
Qu'il suffit de reconnaître qu'il a, par son refus illégal, causé à Dijaud un
préjudice dont il lui doit réparation.

Le maire ayant interjeté appel, la cour de Montpellier, saisie d'ailleurs
d'un déclinatoire présenté par le préfet des Pyrénées-Orientales a,
comme nous l'avons dit, annulé ce jugement comme incompétemment
rendu, par arrêt du 25 juin dernier [1] :

Attendu, porte cet arrêt, que le tribunal a reconnu sa compétence, et qu'il
a cru justifier sa décision en déclarant que le maire, quand il légalise une
signature, n'agit pas comme représentant du Gouvernement, mais en qualité
d'officier public chargé de protéger les intérêts de la commune ;
Attendu que cette théorie qui ne s'évince d'aucune disposition légale, a de
plus l'inconvénient de ne pas résoudre les difficultés soulevées par le déclinatoire de M. le préfet ;
Attendu, en effet, que le maire est investi d'attributions multiples qui font
de lui, suivant le cas, un magistrat administratif, un officier de l'état civil ou
un auxiliaire de la justice ; mais qu'aucun texte de loi ne lui attribue cette
prérogative personnelle que suppose le tribunal pour justifier sa décision, et
qui le rendrait indépendant à la fois du pouvoir administratif et de l'autorité
judiciaire ;
Attendu qu'il est d'autant moins vrai de prétendre que le maire puisse
agir, dans certains cas, en vertu de ce pouvoir indépendant et personnel, que
le législateur de 1837, qui règle les attributions du maire et les définit,
oblige ce magistrat à exercer, sous l'autorité de l'administration supérieure,
les fonctions spéciales qui lui sont personnellement attribuées par la loi ;
Attendu que, parmi ces dernières attributions, figure évidemment le droit
en vertu duquel le maire donne, par son attestation, un caractère d'authen-

---

1. Le texte complet de cet arrêt a été rapporté par la *Gazette des Tribunaux*
dans son numéro du 31 août 1880.

ticité indiscutable à la signature de ses administrés : mais que, même alors, il agit sous le contrôle de l'administration supérieure, puisque, dans le cas où le maire refuserait ou négligerait de faire un des actes qui lui sont prescrits par la loi, le préfet peut y procéder d'office par lui-même ou par un délégué;

Attendu, au surplus, que les lois de 1791 et de 1837 ne laisseraient aucun doute à cet égard; et que, suivant leurs textes sainement interprétés, le maire, soit qu'il légalise une signature, soit qu'il refuse de la légaliser, accomplit un acte d'administration dont les tribunaux civils ne peuvent ni examiner les motifs, ni apprécier la légalité [1].

XI.

Si elle ne peut s'adresser à l'autorité judiciaire, la personne dont le maire refuse de légaliser la signature ne serait point davantage recevable à former de ce chef une action en dommages-intérêts devant le conseil de préfecture.

Aucune disposition de loi n'attribue en effet à ces tribunaux administratifs la connaissance des actions en dommages-intérêts dirigées

---

1. A raison de l'analogie que présentent les questions qu'elles ont résolues avec celle qui fait l'objet de notre étude, nous croyons devoir mentionner les décisions suivantes :

1° Un décret du 8 août 1867, rendu en Conseil d'État, par application de l'article 75 de la Constitution de l'an VIII, et refusant au sieur Dunaigre l'autorisation de poursuivre le maire de Voutezac (Creuse) en réparation du préjudice moral et matériel qu'il lui aurait causé en lui refusant un certificat de bonne vie et mœurs.

« Considérant, porte le décret, qu'en refusant au sieur Dunaigre, un certificat de bonne vie et mœurs, le sieur Pommepuy a agi dans les limites du droit qui lui appartenait comme maire, sauf le recours ouvert au sieur Dunaigre devant le préfet, recours dont le sieur Dunaigre a profité. » En effet, sur la plainte du sieur Dunaigre, le sous-préfet de Brives, agissant en vertu d'une délégation du préfet de la Corrèze, lui avait délivré un certificat de bonne vie et mœurs. (Dalloz, 1869, 3, p. 14.)

2° Un arrêt de la cour d'Alger, en date du 7 juillet 1874, reconnaissant à l'autorité judiciaire compétence pour statuer sur l'action en dommages-intérêts formée contre un maire qui avait refusé à un entrepreneur le certificat de solvabilité et de moralité nécessaire pour soumissionner une entreprise de travaux publics. (Dalloz, 1876, 2, p. 218.)

3° Une décision du Tribunal des conflits du 10 avril 1880 (Gorry c. Gaubaing), portant que c'est en qualité d'agents du pouvoir central, sous l'autorité de leurs supérieurs hiérarchiques, que les maires délivrent à leurs administrés des certificats de bonne vie et mœurs, et que leur décision, soit qu'ils délivrent, soit qu'ils refusent, ou en ajournent la délivrance, constitue un acte d'administration dont les tribunaux civils ne peuvent examiner les motifs, ni apprécier la légalité (*Revue générale d'administration*, 1880, t. II, p. 177).

Voir aussi : Arrêt du Conseil d'État, 19 août 1885, Culhat-Chassis, (*Recueil des arrêts du Conseil d'État*, 1885, p. 521, dont il est parlé à la page suivante.

contre les fonctionnaires publics, pour abus de pouvoirs ou faute commise dans l'exercice de leurs fonctions.

Aussi est-ce à bon droit que le conseil de préfecture de l'Aisne s'est déclaré incompétent pour statuer sur une demande en dommages-intérêts formée contre un maire, et aux termes de laquelle les réclamants prétendaient qu'ils avaient présenté à ce magistrat deux pétitions pour la liberté de l'école, et lui avaient demandé de légaliser les signatures y apposées par des habitants de la commune, se portant garants de la sincérité et de l'authenticité desdites signatures, que ledit maire avait légalisé quelques signatures seulement en indiquant son refus de légaliser toutes les autres, sous le prétexte que les personnes qui lui avaient présenté les pétitions ne méritaient pas sa confiance; qu'il avait même rayé de sa propre autorité des signatures qui, d'après lui, auraient été données par erreur, et qu'enfin cette conduite constituait un abus d'autorité préjudiciable aux réclamants. (Conseil de préfecture de l'Aisne, 15 juillet 1879 : Vatbois et consorts contre Liévin, maire de Lémé [1].)

Le refus du maire ne saurait non plus faire l'objet d'un pourvoi au Conseil d'État. Il s'agit, en effet, d'un acte purement administratif, non susceptible d'un recours contentieux. On peut citer à l'appui de cette opinion, un arrêt rendu dans une matière qui offre, avec celle dont nous nous occupons, une grande analogie. Un maire avait refusé à un entrepreneur de lui délivrer un certificat de capacité exigé par le cahier des charges d'une adjudication de travaux publics. Le préfet approuva ce refus, et sa décision fut confirmée par le ministre des travaux publics. Saisi d'une requête, le Conseil d'État la rejeta par arrêt du 19 août 1835, par le motif que le refus du maire était un acte purement administratif, fait par ce fonctionnaire dans la limite de ses pouvoirs, et ne pouvait, par suite, être déféré au Conseil par la voie contentieuse (*Culhat-Chassis*) [2].

XII.

Est-ce à dire que la personne qui se voit refuser la légalisation de sa signature soit privée de tout moyen de faire prévaloir son droit ? Nullement. Elle peut appeler auprès du préfet de la décision du maire. Si

---

1. Voir *Jurisprudence des Conseils de préfecture*, 1880, p. 104.
2. *Recueil des arrêts du Conseil d'État*, 1835, p. 521.

le préfet repousse sa réclamation, elle peut s'adresser au ministre de l'intérieur. Dans le cas où sa plainte serait reconnue fondée, des instructions seraient données au maire pour qu'il délivre l'attestation qui lui est demandée. Ce fonctionnaire persiste-t-il dans son refus ? L'autorité, on le sait, n'est point désarmée. Outre qu'elle pourrait, si l'affaire avait un caractère particulier de gravité, frapper le maire de la suspension ou de la révocation, l'article 15 de la loi du 18 juillet 1837, lui accorde, sans recourir à ces rigueurs, la possibilité de résoudre la difficulté. Il suffira de nommer un délégué spécial qui attestera la sincérité de la signature, ou encore le préfet, se substituant au maire, la légalisera lui-même[1].

Mais, comme nous l'avons dit plus haut, l'administration supérieure ne peut appliquer l'article 15 que dans les seules hypothèses où la légalisation est prescrite par les lois ou les règlements. S'il s'agit d'actes d'intérêt purement privé, alors que le maire a la faculté d'accorder ou de refuser la certification, c'est à lui seul d'apprécier dans quelle mesure il croit convenable d'user de ce droit[2].

XIII.

Avant de terminer, il nous paraît curieux de signaler une difficulté qui s'est récemment élevée en Belgique, dont la législation en cette matière est semblable à la nôtre, au sujet du refus fait par un bourgmestre de légaliser la signature de l'éditeur d'un journal apposée au bas du numéro du journal contenant une annonce judiciaire. Nous empruntons à l'*Indépendance belge* du 31 mai dernier, l'exposé de ce conflit.

Le bourgmestre peut-il refuser la légalisation ? Telle est la question soulevée par l'attitude qu'a prise, vis-à-vis de l'éditeur du *Verbond van Aalst,* M. Van Wambeke, bourgmestre d'Alost. Il n'a pas voulu donner la légalisation qu'on lui demandait, alléguant, pour toute raison, « qu'il n'entendait pas apposer sa signature sur un journal dans lequel ses amis politiques et lui étaient attaqués sans cesse ».

---

1. Voir plus haut, page 41, arrêt de la cour de Montpellier du 25 juin 1880. Voir aussi le décret en Conseil d'État du 8 août 1867 (*Dunaigre c. Pommepuy*), cité page 42, en note.

2. Voir néanmoins le décret du 8 août 1867 cité dans la note précédente.

L'éditeur, à qui ce refus peut être très-préjudiciable, a porté plainte auprès du procureur du roi de Termonde, et il a reçu de ce magistrat, par l'intermédiaire de M. Van Wambeke, une réponse décourageante, en ce sens qu'on l'informait qu'il n'y avait pas de sanction pénale à l'obligation pour les bourgmestres de légaliser la signature des imprimeurs.

Cette situation, l'éditeur alostois ne veut pas l'accepter, et il vient d'adresser une plainte au ministre de l'intérieur, pour lui demander le redressement de ses griefs. Nous y relevons le passage que voici :

« Si M. Van Wambeke échappe à toute action pénale, il n'en est pas de même des poursuites disciplinaires. La loi communale (art. 56 revisé par la loi du 30 juin 1842) donne, en effet, au roi le droit de révoquer ou de suspendre les bourgmestres qui méconnaissent leurs devoirs.

« Je pense, du reste, que, même en dehors de ces mesures extrêmes, il doit vous être possible, Monsieur le Ministre, en votre qualité de chef suprême de la hiérarchie administrative, de mettre un terme, par voie de remontrances, de réprimande ou de censure, à des vexations commises par un bourgmestre oublieux de ses devoirs et du respect dû aux lois. »

Nous espérons, ajoute l'*Indépendance belge*, que M. le ministre de l'intérieur trouvera les moyens de trancher la grave question qui lui est soumise, et qui réclame une prompte solution.

XIV.

Parvenus au terme de cette étude, nous ne croyons pas possible de mieux la clore, qu'en conseillant aux maires d'apporter dans cette partie de leurs attributions, dont l'importance est trop souvent perdue de vue, la plus grande circonspection.

Qu'ils ne l'oublient jamais : une complaisance excessive vis-à-vis de leurs administrés peut avoir, non-seulement pour les intérêts de tiers, mais même au point de vue de leur propre responsabilité, les plus graves conséquences. Il convient, sans doute, d'éviter les tracasseries inutiles, mais il importe aussi, à un haut degré, de ne point légaliser, sans en prendre connaissance, des actes compromettants, et surtout de ne point déclarer sincères des signatures dont rien ne garantit suffisamment l'authenticité.

H. MORGAND,
Docteur en droit,
Rédacteur au ministère de l'intérieur et des cultes.

TABLE

Nancy, imprimerie Berger-Levrault et Cⁱᵉ.

DICTIONNAIRE

DE

L'ADMINISTRATION

FRANÇAISE

PAR

M. MAURICE BLOCK

MEMBRE DE L'INSTITUT

AVEC LA COLLABORATION DE MEMBRES DU CONSEIL D'ÉTAT, DE LA COUR DES COMPTES
DE DIRECTEURS ET CHEFS DE SERVICE DE DIVERS MINISTÈRES, ETC.

NOUVELLE ÉDITION

ENTIÈREMENT REFONDUE, AUGMENTÉE ET MISE A JOUR (1877)

Un volume in-8° de xv-1856 pages, renfermant la valeur de 28 volumes ordinaires
Prix, broché, **30** fr.; relié en demi-chagrin, plats toile, **34** fr. **50** c.

SUPPLÉMENT ANNUEL

I. Novembre 1878. In-8°, même format que le Dictionnaire. Prix : **2** fr. **50** c.
II. Novembre 1879.   —   —   —   Prix : **2** fr. **50** c.
III. Novembre 1880.   —   —   —   Prix : **2** fr. **50** c.